Flügge · Heinrich Zille

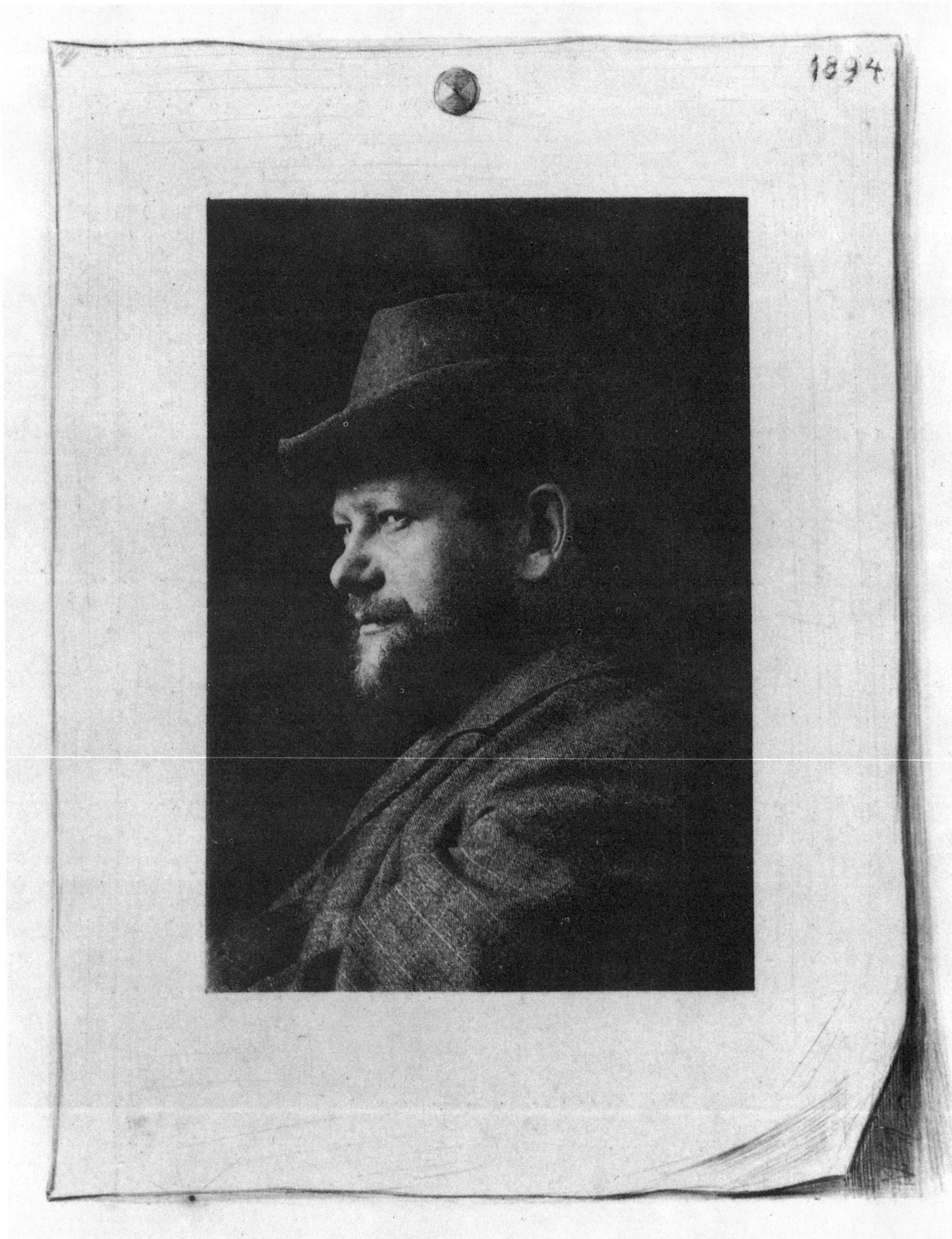

Selbstbildnis, 1894, Photogravüre mit radierter Umrandung. 16,2 × 13,7 cm

HEINRICH ZILLE

Fotografien von Berlin um 1900

Herausgegeben

und mit einer Einführung von

Matthias Flügge

VEB FOTOKINOVERLAG LEIPZIG

Die Rezeptionsgeschichte des fotografischen Werkes von Heinrich Zille ist vergleichsweise kurz. Erst 1967 – knapp vierzig Jahre nach seinem Tode – begann man zur Kenntnis zu nehmen, daß der populäre Zeichner neben seiner noch immer nicht genügend erschlossenen grafischen Arbeit ein fotografisches Œuvre hinterlassen hat, das dem zeichnerischen zwar an Quantität und Folgerichtigkeit, aber vielleicht nicht an Bedeutung nachsteht [1, 2]. Es war vor allem das in den späten sechziger Jahren wiedererwachende sozialhistorische Interesse an den abbildenden Künsten, das diese Wertschätzung ermöglichte, indem es den dokumentarischen Gehalt von Zilles Fotografien über ihre technischen Schwächen stellte und ihre lapidare, instrumentale Ästhetik einer Neubewertung unterzog. Es wird im folgenden noch davon zu reden sein.

Berlin zwischen 1890 und 1910: Eine viel zu schnell gewachsene Industriestadt voller sozialer Gegensätze, die Metropole des imperialistischen deutschen Kaiserreiches. Eine Stadt der erstarkenden Arbeiterbewegung, der Klassenkämpfe, aber auch des resignierenden Lumpenproletariats, der Geschäftspaläste und Villen und des grauen, spekulativen Massenwohnungsbaus in den expandierenden Arbeitervierteln. Eine Stadt der kulturellen Auseinandersetzungen zwischen idealisch-eklektizistischer, staatstragender Repräsentationskunst und den progressiven, naturalistischen bis realistischen Strömungen um die Berliner Sezession und die frühen Äußerungen einer proletarischen Kunst. Aber auch eine Stadt des Mittelmaßes, einer sich herausbildenden unentschiedenen »Angestelltenkultur«, offen nach beiden Seiten, trivial und an der Befriedigung breitester Bedürfnisse orientiert. Wie kaum ein anderer wichtiger Künstler seiner Zeit ist der Autodidakt Heinrich Zille das Produkt solcher Zerrissenheit gewesen. Er war befreundet mit Künstlern, die nicht schlecht am wilhelminischen Schmückungswahn profitierten, hatte als Lithograph zeitweilig sein Geld mit der Reproduktion trister Massenkunst verdient, war dabei zum gutbezahlten Angestellten aufgestiegen und konnte aus der durch materielle Sicherheit ermöglichten Distanz sein Thema, seinen Weg an die Seite der fortschrittlichen künstlerischen und später auch gesellschaftlichen Kräfte finden.

Heinrich Zille, am 10. Januar 1858 in Radeburg geboren, kam als neunjähriges Kind mit seinen Eltern nach Berlin [3]. Von Kindheit und Jugend hat er selbst verschiedentlich Zeugnis abgelegt. Hier finden sich eindrucksvolle Beschreibungen der Armut seiner frühen Jahre, der ständigen Existenzsorgen und des langsamen, mühevollen sozialen Aufstiegs. Zilles Vater war Handwerker. In der sächsischen Heimat arbeitslos, verschuldet, sogar verelendet, suchte er für sich und seine Familie im aufstrebenden Berlin einen neuen Anfang. Sie teilten zu Beginn das Schicksal Tausender, bis sich ihre bescheidenen Hoffnungen erfüllten: 1868, ein Jahr nach der Übersiedlung, fand der Vater eine feste Anstellung. Zille berichtet, daß er als Junge durch verschiedene Gelegenheitsarbeiten den Unterhalt der Familie mitbestreiten mußte und auf diese Weise seine ersten, folgenreichen Großstadterfahrungen sammelte. Und die waren grundsätzlich unterschieden von denen in der sächsischen Provinz. Es ist anzunehmen, daß sich bereits sehr früh seine emotionale Verbundenheit zu Berlin entwickelte, jene charakteristische Mischung aus Faszination und kritischer Distanz, die Zilles gesamtes späteres Werk kennzeichnet. Nach dem Abschluß der Grundschule 1872 beginnt Zilles Lithographenlehre. Nebenher setzt er seine zeichnerischen Versuche, die er schon während der Schulzeit begonnen hatte, fort. In Theodor Hosemann findet er einen der realistischen Berliner Zeichentradition verbundenen Lehrer. In diese

Zeit fällt auch sein erster Kontakt mit der Fotografie. Zille bemerkt zum Produktionsprogramm der Werkstatt, in der er lernte: »Bei diesem Lithographen wurden die deutschen Heerführer und Fürsten dutzendweise in allen Größen fabriziert, ebenfalls nach Photographien verstümmelte und geheilte Soldaten auf den Stein gezeichnet, Heiligenbilder, Madonnen mit blutenden Herzen, der Gekreuzigte usw., die dann in den Wohnungen der armen Leute rechts und links neben dem Regulator hingen.« [4] Fotografie als Vorlage für illustrative Zeichnung – das war im lithographischen Handwerk eine Selbstverständlichkeit. Zille lernte ebenso selbstverständlich den instrumentalen Umgang mit Fotografie, war anfänglich noch völlig frei von Skrupeln, mit denen in den freien Künsten die Arbeit nach Vorlagen verdeckt wurde. Die Vorzüge ständiger Verfügbarkeit von Details, Physiognomien und Handlungsräumen lagen auf der Hand, und überdies ging diesem Zweig des lithographischen Handwerks künstlerische Ambition weitgehend ab. Doch Heinrich Zilles Ziele waren höher gesteckt. Die Entwicklung seiner eigenen zeichnerischen Fähigkeiten auf einem langen, auch widersprüchlichen Weg aus dem Dilettantismus mag er in jenen Jahren noch als Hilfe bei der fachgerechten Ausübung seines Berufes angesehen haben. Doch mit der eigenen Fortbildung wuchsen seine Ansprüche an diesen Beruf, und nach einigen Zwischenstationen wechselte der Lithographengeselle 1877 zur Berliner »Photographischen Gesellschaft«, die ihr damaliges Domizil am Dönhoffplatz hatte. Zille trat damit in eine der führenden europäischen Kunstanstalten ein: führend, was den technischen Standard ebenso wie den ästhetischen Anspruch anbelangt. Die »Photographische Gesellschaft«, die am Ende des Jahrhunderts auch Niederlassungen in Paris, London und New York hatte, vertrieb vor allem Tiefdruckreproduktionen nach Kunstwerken der europäischen Museen, fertigte Fotografien nach Bildern und Plastiken in Cabinetformat – die Vorläufer der heutigen Kunstpostkarten –, Porträtsammlungen und unterhielt einen Verlag für künstlerische Grafik, in dem beispielsweise auch Max Liebermann seine erste Mappe mit Radierungen herausgab. Nach anfänglicher Tätigkeit auf dem Gebiet des Lichtdrucks und der Zinkographie spezialisierte sich Heinrich Zille am Ende der siebziger Jahre vor allem nach einer durch den Militärdienst 1880/81 erzwungenen Arbeitsunterbrechung auf die damals neue, erfolgversprechende photographische Tiefdruckreproduktionstechnik, die sogenannte Photo- oder Heliogravüre. Nun kam er direkt mit den modernsten chemischen und optischen Verfahren seiner Zeit in Kontakt. Der Wiener Erfinder Karl Klič hatte im Oktober 1879 das von ihm entwickelte heliographische Verfahren bekanntgemacht. Die »Photographische Gesellschaft« gehörte zu den ersten Lizenznehmern, und es gibt die allerdings unbelegte Überlieferung, daß Zille als ihr Abgesandter nach Wien reiste, um sich vom Erfinder persönlich in die Geheimnisse der Technik einweihen zu lassen. Die Heliogravüre machte es möglich, Vorlagen tonwertrichtig zu reproduzieren. Dabei eignet ihr eine samtige, durch feinstes aquatintaähnliches Korn hervorgerufene Oberfläche, die sehr malerisch wirkt. Im Zeitalter der Edeldrucktechniken erfreute sich dieses Verfahren größter Beliebtheit, weil der fotografischen Wiedergabe die geheiligte Aura des Originals verliehen wurde. Aus einer Geschäftsanzeige, die Zille anläßlich des Umzuges der Werkstätten in ein neues Gebäude in Charlottenburg-Westend entwarf, geht hervor, daß man dort ab 1893 in der Lage war, Kupfer-

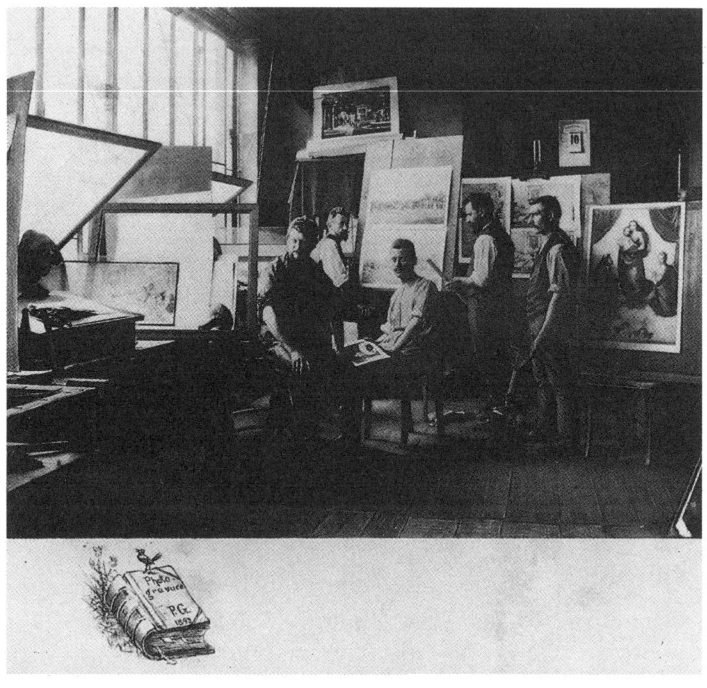

Atelier der »Photographischen Gesellschaft«, 1893, Photogravüre und Radierung. 16,2 × 19,3 cm

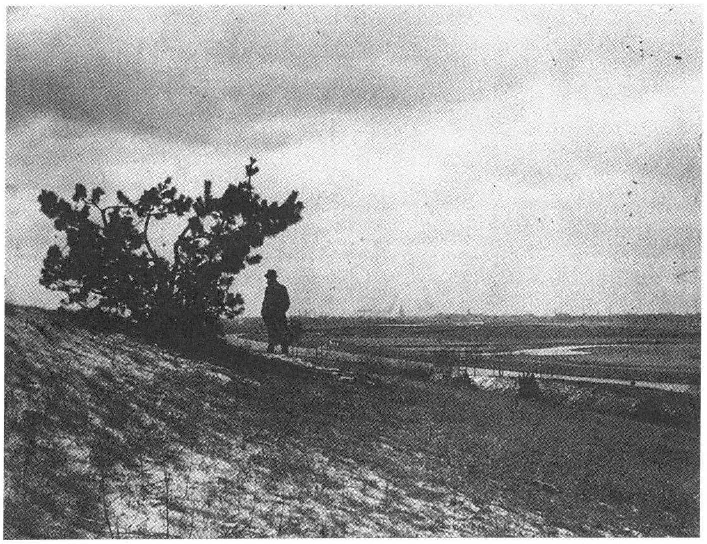

Zille beim Spaziergang in Westend, um 1900

Zille hatte nun Anschluß an den Kunstbetrieb gefunden, vorerst auf der dienstbar ausführenden Seite, und es lag für ihn nahe, sich nun auch stärker seinen schöpferischen Ambitionen zu widmen. Die notwendige materielle Sicherheit war erreicht, eine Familie bereits 1883 gegründet. Bohème-Existenz, wie sie unter der damaligen Avantgarde des Naturalismus, die auf Zille einigen Einfluß hatte, verbreitet war, lag ihm fern. Bis zum Tode seiner Frau, 1919, führte er ein nach außen hin durchschnittliches, kleinbürgerlich geregeltes Leben. In den neunziger Jahren fand Heinrich Zille Kontakt zu verschiedenen Künstlern, die ihn alsbald in ihre Kreise aufnahmen. Insbesondere mit Bildhauern war er befreundet; man betrieb gemeinsame Naturstudien, übte sich im Aktzeichnen und war im »Kegelklub der Reinold-Begas-Schüler« beisammen. Aus dieser Zeit haben wir die ersten

platten bis zu Ausmaßen von eineinhalb Metern zu beschichten und zu ätzen.

Eine solche Reproduktion im sogenannten »Extraformat« von Raffaels »Sixtinischer Madonna« zeigt die arrangierte Werkstattaufnahme, die wahrscheinlich an Zilles 35. Geburtstag, dem 10. Januar 1893, in den neuen Arbeitsräumen belichtet wurde. Zille im Kreis seiner Kollegen, umgeben von Produkten und Arbeitsutensilien, nimmt den zentralen Platz im Bilde ein. Wie Otto Nagel berichtete, »leitete [er] eine Abteilung« und hatte die »Aufsicht über das Drucken«. Diese Fotografie hat Zille heliographisch auf eine Kupferplatte übertragen, und in der Technik der Radierung brachte er am unteren Rand eine Remarque an, die man als eine Art Ehrenbuch der Photogravüre deuten könnte. Es spricht ein nicht geringer Handwerkerstolz aus diesem Blatt, das Zille als Erinnerungsgeschenk angefertigt haben mag. Man war sich seiner herausgehobenen sozialen Stellung bewußt, seiner Qualifikation und Nähe zur »reinen Kunst«. Nagel hat das beschrieben: »Die Lithographen trugen große schwarze Schlapphüte und nannten diesen Kalabreser ›Die Helme der Farbigen‹ [benannt nach der erfolgreichsten lithographischen Technik, dem Buntdruck, der sogenannten Chromolithographie, M.F.]. Es wurde viel Geld verdient, und viele von den ›Farbigen‹ fuhren mit Droschke früh zum Atelier.« [5]

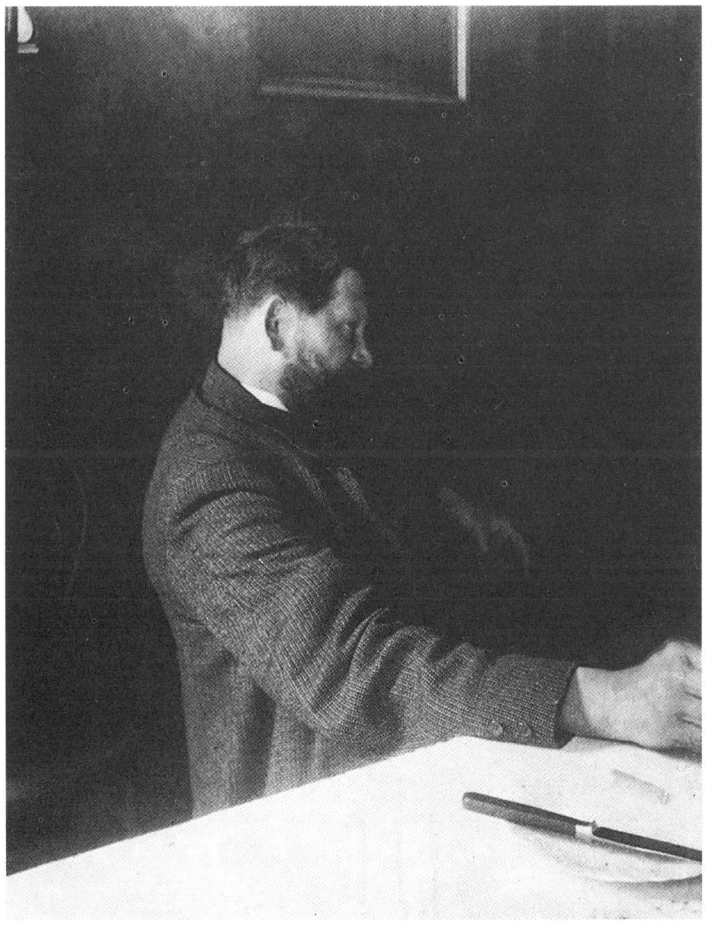

Selbstporträt in der Charlottenburger Wohnung, um 1900

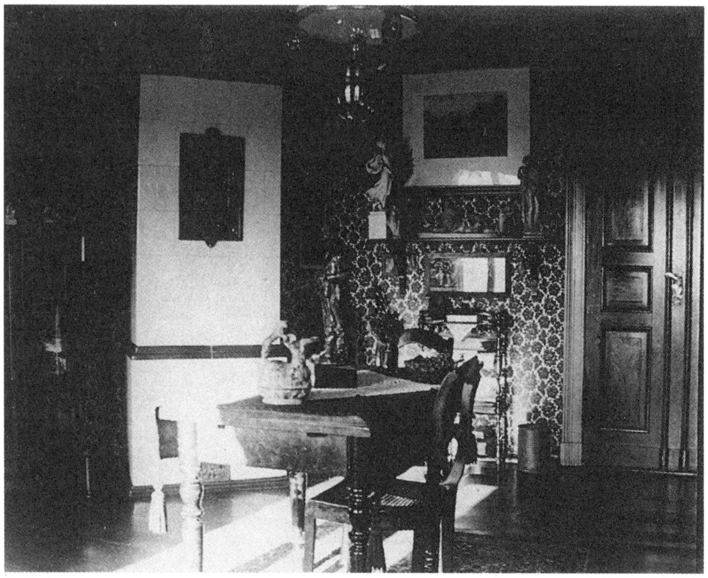

Zilles Wohnung in Charlottenburg, um 1898

fotografischen Zeugnisse Zilles. Ein fotografiertes Selbstbildnis von 1894, ebenfalls in der Mischtechnik von Heliogravüre und Radierung geätzt und gedruckt, gibt in seiner Doppelbödigkeit interessanten Aufschluß über Zilles Selbstverständnis jener Jahre: Im Halbprofil, von weichem Studiolicht effektvoll modelliert, schaut Zille selbstbewußt in einer Mischung von Schalk und Skepsis aus dem Bilde. Hut und Jackett aus feinem Tuch unterstreichen das Repräsentative der Aufnahme. Diesen Effekt bricht Zille durch die radierte Umrahmung, die nach Art des trompe l'œil (Augentäuschung) einen angepinnten Zettel, nicht unähnlich einem Steckbrief, vortäuscht. Es deutet alles darauf hin, daß dieses Blatt ausschließlich für die Familie und enge Freunde bestimmt war und Zille nur eine sehr geringe Auflage gedruckt hat. Stolz auf sein handwerkliches Können, wollte er den ihm nahestehenden Personen eine Probe seiner Arbeit geben. Von Zilles Selbstbewußtsein spricht auch, daß er dasselbe Foto auf Postkarten druckte, die für allerlei Mitteilungen Verwendung fanden.

Heinrich Zilles fotografisches Werk setzt um 1890 ein. Es gibt keine Information darüber, ob er eine eigene Kameraausrüstung besaß. In den Erinnerungen von Zilles Tochter Margarete ist überhaupt von der Betätigung des Vaters als Fotograf keine Rede [6]. Auch befanden sich in ihrem Besitz nur wenige zeitgenössische Abzüge von Familienaufnahmen, die zudem kaum über das damals übliche fotografische Interesse und technische Vermögen vergleichbarer Familiendarstellungen hinausgeht. Ein gewisses Repräsentationsbedürfnis im familär-hierarchischen Arrangement und der Wunsch nach einer visuellen Erinnerungshilfe an bestimmte persönliche Höhepunkte waren wohl die Motivation für die in den 90er Jahren mit Hilfe von Magnesiumlicht in der Wohnung entstandenen Aufnahmen. Die Fotografie hatte das jahrhundertelang gültige Privileg der Oberschichten auf Familien- und Porträtdarstellung endgültig demokratisiert. Auch Zille erfreute sich des inzwischen freilich schon zu neuer Konvention erstarrten Teilhabens am Recht auf das eigene Abbild und sprengt, was diesen Bereich anlangt, in keiner Weise den Rahmen der Bildnisfotografie als neuer »volkstümlicher Massenkunst« (A. Hauser). Ausnahmen davon sind einige Porträts der Eltern Zilles. Die etwas unscharf geratene Gegenlichtaufnahme des Elternpaares in seiner Wohnstube im Rummelsburger Haus bemüht sich offenbar um Verdeutlichung eines sozialen Zusammenhangs. Das ungezwungene Selbstwertgefühl des im Lehnstuhl sitzenden Vaters, der mit vielen Mühen der Familie ein bescheidenes Auskommen gesichert hat und nun an der Schwelle des Alters steht, kontrastiert auffällig mit der de-

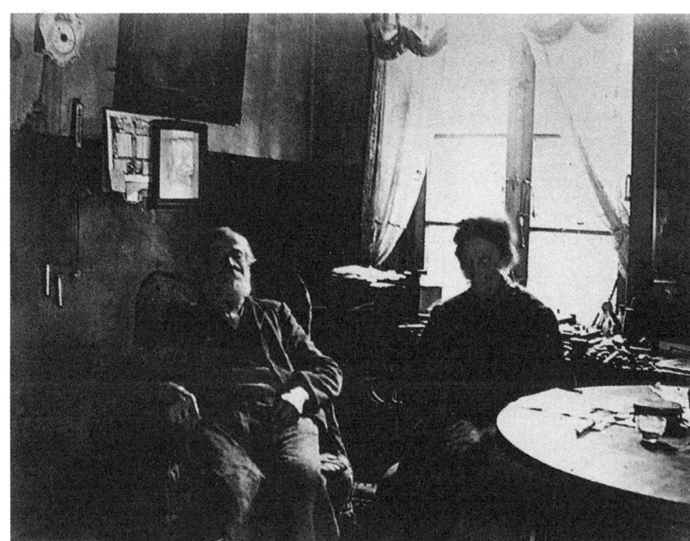

Heinrich Zilles Eltern in ihrem Wohnhaus in Rummelsburg, Fischerstraße 8, um 1900

mütigen Haltung der Mutter. In dem Foto ist nichts gestellt, selbst mit den schwierigen Lichtbedingungen mußte der Fotograf auskommen, um in die gewohnte Situation des Zueinanders seiner Eltern nicht regieführend einzugreifen. Im Vergleich dieses Familienfotos der Eltern mit dem Selbstbildnis des Sohnes erschließt sich deutlich Heinrich Zilles soziale Stellung, die er durch seine Arbeit in der »Photographischen Gesellschaft« einnahm.

Wenn man die auf uns überkommenen Fotos durchsieht, zeigt sich, daß sie insgesamt bei relativ wenigen, zum Teil zeitlich weit auseinanderliegenden Gelegenheiten entstanden sind. Die Serie der Rummelplatzfotos wurde überwiegend in demselben Vergnügungsbetrieb aufgenommen. Die Fotos städtischer Situationen lassen sich, wenn auch mit Einschränkungen, in Gruppen zusammenfassen, die jeweils Beobachtungen in einer Region an einem Tag wiedergeben. Die beeindruckenden Bilder der Reisigsammlerinnen entstanden jeweils serienweise auf dem freien Feld, das Zilles Wohnung am Charlottenburger Stadtrand gegenüberlag, ihm also ohne Mühe erreichbar war. Selbst die Aktaufnahmen, die während des gemeinsamen Zeichnens mit befreundeten Künstlern oder bei Atelierbesuchen entstanden, sind ebenfalls nicht das Resultat kontinuierlicher fotografischer Arbeit, sondern im ganzen eher zufällig und persönlichen Anlässen folgend.

Darüber hinaus ist noch eine Reihe von privaten Fotos erhalten, die Zille während verschiedener Familienausflüge in die Umgebung belichtet hat. Er fotografierte auch bei seinen entomologischen Exkursionen mit dem ihm befreundeten Bildhauer August Gaul und machte Sachaufnahmen von dessen Werken. Daneben gibt es eher belanglose Impressionen von Künstlerfesten, Interieurs und einige einzelne Aufnahmen von anderen Gelegenheiten. Wenn wir W. Rankes schlüssiger Datierung der Zilleschen Fotos folgen, so stammen sie aus den Jahren 1890 bis 1910. Nach dem Vergleich der Motive und in Anbetracht der oft umfangreichen, binnen weniger Stunden entstandenen Aufnahmeserien ist Heinrich Zilles fotografische Tätigkeit aber durchaus als sporadisch zu bezeichnen.

Die verschiedenen Negativformate sprechen neben Details der Biografie dafür, daß Zille sich verschiedene Kameras von Kollegen oder in seiner Arbeitsstelle auslieh und die dort vorhandenen technischen Möglichkeiten des Entwickelns und Kopierens nutzte. In Zilles Charlottenburger Wohnung fanden sich nach seinem Tod zwar die Platten, aber kaum Abzüge und erst recht keine Kamera. Lediglich von privaten Aufnahmen hatte er meist Kontaktabzüge an seine Kinder und Freunde gegeben. Seltener diente ein solcher Abzug als Postkarte, z. B. die Müllplatzaufnahme, die Zille um 1900 seinem Freund Gaul schickte, um auf die Verschmutzung der Landschaft und deren negative Folgen für die von beiden geliebten Schmetterlinge hinzuweisen. Wir haben keine Spuren von Zilles fotografischer Tätigkeit

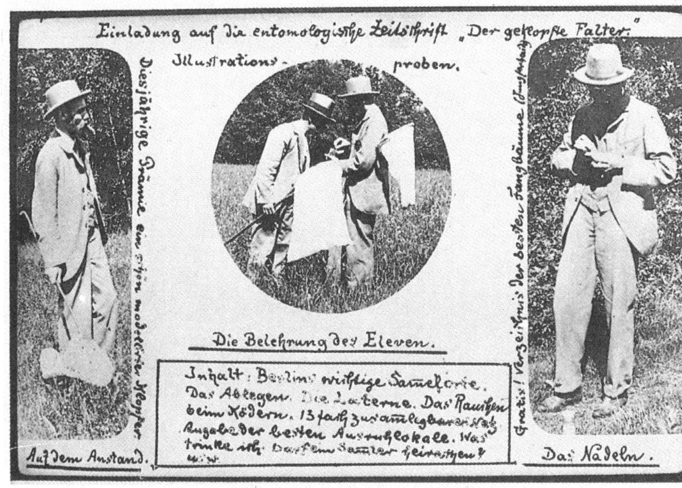

Postkarte mit Fotos von Heinrich Zille an August Gaul, um 1899

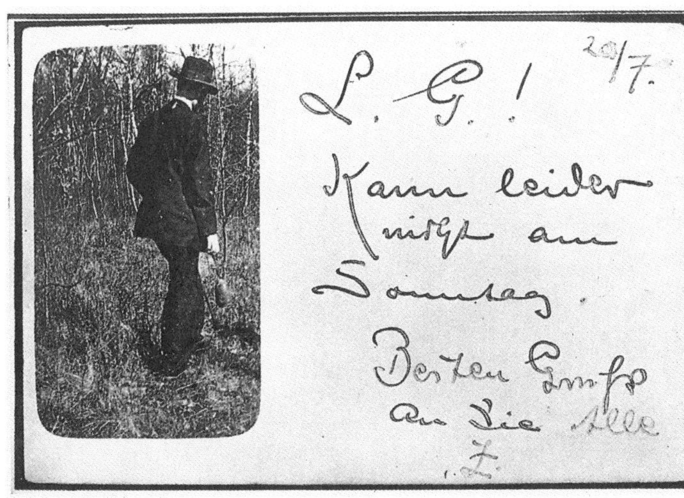

Postkarte an August Gaul, um 1898

außerhalb dieses engen Kreises, keine Selbstaussagen, und auch die bislang bekannt gewordenen Briefe des Künstlers schweigen sich zu diesem Thema gründlich aus.

Es spricht also scheinbar alles dafür, daß Zille mit den umständlich zu handhabenden Plattenkameras ausschließlich fotografiert hat, um für seine grafische Arbeit einen Fundus von Einzelheiten und Situationen bereitzuhalten. Doch bleibt bei dieser Erklärung ein nicht unerheblicher Zweifel: Zille hatte seine zeichnerischen Fähigkeiten in den 90er Jahren bereits so weit entwickelt, daß er Menschen in charakteristischen Haltungen, Gesten, Bewegungen mit wenigen sicheren Strichen auf dem Skizzenblock festhalten konnte. Er machte von dieser Fertigkeit auch ausgiebigen Gebrauch. Ebenso skizzierte er Architektursituationen, Hauseingänge, die Auslagen von Geschäften und vieles andere Unbelebte. Schneller, einfacher ging es mit der Handkamera damals gewiß nicht. Es ist also doch eine Dokumentationsabsicht zu vermuten. »Es ahnt ja niemand, was ich alles gesehen habe«, sagte Zille einmal, und aus verschiedenen Zeugnissen anderer Künstler geht hervor, daß er seine Kollegen immer wieder gern mit Erzählungen aus dem Milieu beeindruckte. Ernst Barlach hat die Wirkung solcher Schilderungen 1915 beschrieben: »Eine Nacht mit Gaul, Kraus und Zille, eingebrüht in die Berlinische Faunischkeit Zilles... Wir saßen bis nach 2 Uhr... bei Zilleschen Geschichten, wobei man nicht wußte, durch welche Schlitze seine Augen in was für Höllenkammern des Erdenlebens zu blicken gewohnt sind. Man verträgt einen Puff, aber man fühlt endlings so etwas wie einen Gefühlsschlaganfall im Leibe zucken, einen Ekelkrampf.« [7]

Man kann wohl annehmen, daß es Heinrich Zille auch darum ging, für diese Berichte Beweismaterial zu liefern und seine grafische Arbeit durch den Authentizitätsanspruch der Fotografie zu legitimieren und zu beglaubigen, und sei es vor sich selbst. Allerdings konnte er in die eigentlichen »Tiefen Berlins« mit der Kamera nicht vordringen. Wenn man davon ausgeht, daß Zilles fotografische Arbeit instrumentalen Charakter trug, also Zwischenstufe auf dem Weg zum grafischen Werk war, sei es als Erinnerungsstütze oder als direkte Vorlage, so wäre diese Beweis- bzw. diese Dokumentationsabsicht die Kehrseite dazu. Eine selbstgefertigte Postkarte an August Kraus mit dem Foto zweier Obdachloser in einem Hauseingang, die Zille für eine private Nachricht nutzte, könnte mit dafür sprechen, daß Zille sich seit den späten neunziger Jahren als Berichterstatter aus dem gesellschaftlichen Abseits begriff. Er selbst stand zu diesem Zeitpunkt bereits weit außerhalb dieser Sphäre und trug die gesammelten Ansichten in das bürgerliche Milieu seiner Freunde und letztlich auch in seine eigene, zu ihr ebenfalls denkbar gegensätzliche Häuslichkeit. Doch ist es nicht gerade die soziale Distanz zu seinen Motiven, die Heinrich Zille deren Darstellung erlaubte – in materieller, aber auch in geistiger Hinsicht? Die eigene Erfahrung der Kindheit hatte seine Sinne dafür geschärft; durch den literarischen Naturalismus, der im Berlin der achtziger Jahre sein Zentrum hatte, wurden bis dahin aus dem künstlerischen Selbstverständnis der Gesellschaft ausgegrenzte Bereiche darstellungswürdig. Die Milieutheorie H. Taines, von der die naturalistische Kunst ihre theoretische Rechtfertigung bezog, erklärte den Menschen kategorisch zum Produkt seiner Lebensumstände, ohne allerdings nach den dahinterstehenden gesellschaftlichen Ursachen zu suchen. Gesellschaftliche Mißstände wurden zumeist an Einzelschicksalen reflektiert und in ihrer Wirkung dargestellt, ein Verfahren, dem Zille zeitlebens treu blieb. Da waren geradezu archäologisch genaue Milieustudien eine Voraussetzung, und Zille verdankt sicher einen großen Teil seiner Popularität der topografisch korrekten Beobachtung von Handlungsräumen, der philologischen Genauigkeit seiner Dialoge und Bildunterschriften sowie der in tausenden Studien und Skizzen erlernten Zuspitzung auf (lokal-)typische menschliche Charaktere, Gesten und Haltungen.

Zille hatte keine persönlichen Kontakte zu naturalistischen Kreisen; die jüngere, sich bohèmehaft gebende Avantgarde war dem situierten Handwerker sicherlich fremd. Aber es ist sehr wahrscheinlich, daß er deren Auftreten und Äußerungen zur Kenntnis nahm.

Er zeigte sich zudem beeindruckt durch die präzisen Milieuschilderungen von Dickens und Zola und war mit dem Gedankengut, von dem die Naturalisten zehrten, vertraut. Doch überschritt der sich antibürgerlich gebende Naturalismus in den neunziger Jahren, als Heinrich Zille seinen künstlerischen Weg gefunden hatte, bereits seinen schöpferischen Gipfel. Es waren Impulse in verschiedenen Richtungen von ihm ausgegangen und auch eine Nachfolge, die sozialreformerische Absichten nun hinter rührseligen und mit-

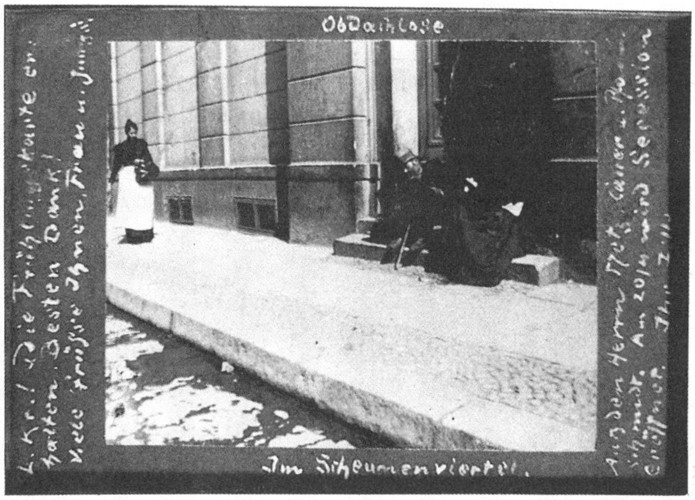

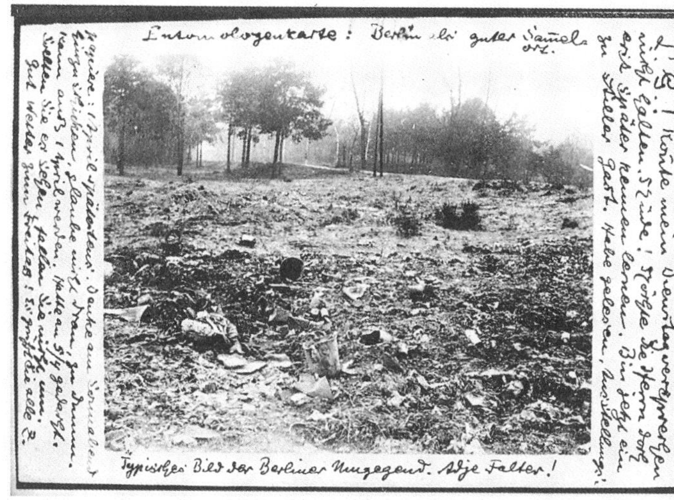

Obdachlose im Scheunenviertel. Undatierte Postkarte an August Kraus unter Verwendung der Fotografie »Schlafende Obdachlose«, S. 33; Karte um 1902

»Entomologenkarte« an August Gaul unter Verwendung einer Müllhaldenaufnahme, vgl. S. 70; Karte um 1903/04

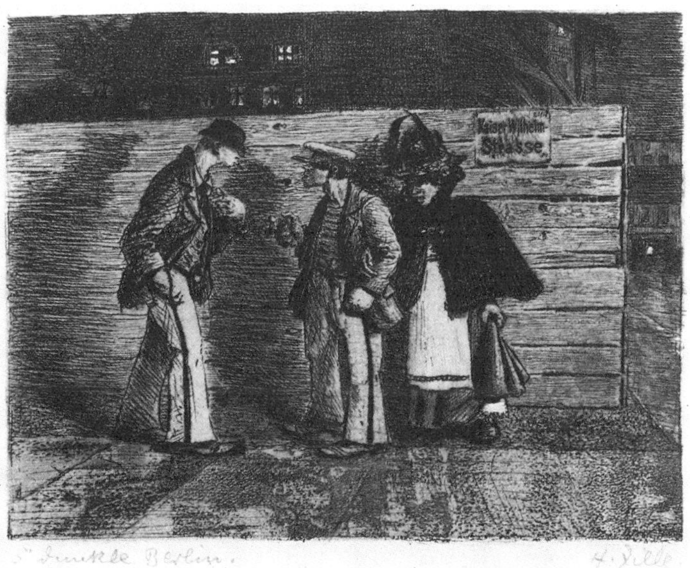

's dunkle Berlin, 1898, Radierung. 15,8 × 21,8 cm

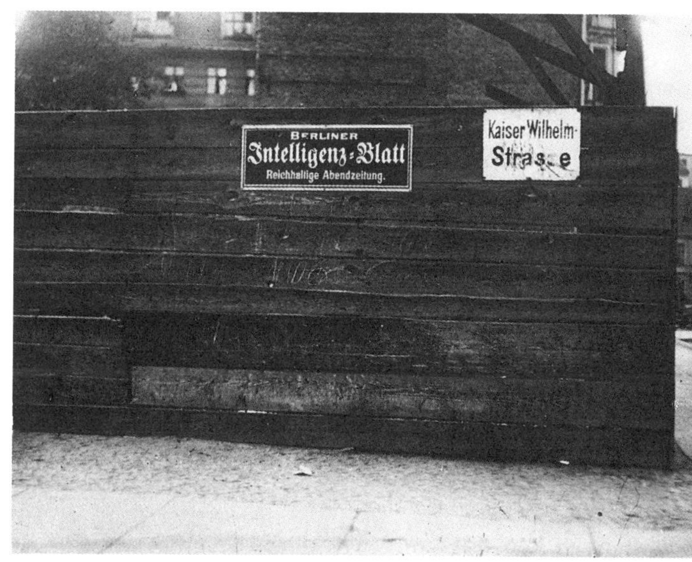

Bauzaun in Berlin, Kaiser-Wilhelm-Straße, vor 1898. 9 × 12 cm

leidsvollen Elendsdarstellungen verbarg. Auch solchen Autoren dienten Zilles Erlebniswelt und Einfühlungsvermögen als Informationsquelle aus ihnen selbst verschlossenen Bereichen. Wie Zilles Briefwechsel mit Else Jerusalem beweist, teilte er mit ihnen die Hoffnung, durch das Vorzeigen sozialer Zustände etwas zu deren Veränderung beitragen zu können. Probleme des Künstlerischen, der Form, der »Phantasie«, die etwa für seinen Förderer Max Liebermann absoluten Vorrang vor dem Thema hatten, interessierten ihn dabei nur am Rande.

Zilles fotografische Dokumentationsberichte waren aber vor allem von emotionaler Verbundenheit motiviert. Sachliche Analyse von Zuständen war ebensowenig ihr Ziel wie die Suche nach dem vollendeten Bild. Im Gegenteil: Stilistisch gesehen spricht aus ihnen für die damalige Zeit geradezu aufreizende Verweigerung des Ästhetischen, wenn man von ganz wenigen Ausnahmen absieht. Die Frage ist müßig, ob dies Absicht oder technisches Unvermögen gewesen sein mag. Zille fotografierte ohne unmittelbares Vorbild. Er kannte die Arbeit der wenigen nicht, die – wenn auch in unterschiedlicher Weise und aus anderen Gründen, so doch ähnlich – ihren Lebensraum fotografisch erkundeten, wie Atget in Paris, Breitner in Amsterdam, Paul Martin in London. Er wollte das Berliner Leben so zeigen, wie es der »Mann auf der Straße« sah, in dessen Rolle er in seiner Freizeit schlüpfte, um das Gesehene daheim künstlerisch auszuwerten. Dafür nahm Zille – anders als Atget oder Martin – den Bruch mit technischen oder kompositionellen Konventionen in Kauf. Bewußt herbeigeführt hat er diesen Bruch wahrscheinlich nicht, und es sind die Seherfahrungen unserer Zeit, die uns dazu verführen können, den Zilleschen Fotos allzu schnell hochgegriffene Intentionen zu unterlegen.

Es liegt also die eigene kulturhistorische Bedeutung von Zilles Fotografie gerade darin, daß sie die Sicht der Beteiligten auf die Dinge thematisiert, ohne den Fotos an sich einen Eigenwert oder »appellativen« Zweck zuzumessen. Zille hat nicht fotografiert, um mit seinen Aufnahmen auf die Notwendigkeit zur Veränderung der Realität hinzuweisen. Diese Funktion von Fotografie, die Jacob A. Riis und Lewis W. Hine in den USA erstmals in der Fotogeschichte mit Ausschließlichkeit realisierten, lag nicht in seinem Blickfeld. Soziales Engagement sollte in seine Zeichnungen einfließen. Damit war er auf der anderen Seite aber zu keinerlei Kompromissen gezwungen. Die Verleger und Redakteure der Zeitschriften, für die Zille kurz nach der Jahrhundertwende zu zeichnen begann, erwarteten schon bald von seinen Arbeiten eine gewisse Milieuidylle – ein Anspruch, gegen den der Künstler seit Beginn seiner freiberuflichen Tätigkeit mit wechselhaftem Erfolg kämpfen mußte. Dem um 1900 weiter erstarkenden, sich seiner historischen Aufgabe bewußten Proletariat standen die teuren, gedruckten Bildmedien kaum zur Verfügung. Künstlerische Gesellschaftskritik, die sich mit nennenswerter Breitenwirkung artikulieren konnte, kam vor allem aus dem bürgerlich-liberalen Lager und fußte überwiegend auf der Erkenntnis, daß die schlimmsten Erscheinungen der Ausbeutung sozialreformerisch abgebaut werden müßten, um die Struktur der Gesellschaft zu erhalten. Heinrich Zille, dessen Herkunft im Proletariat lag, schien diese Konzeption zwar wenig erfolgversprechend, doch ließ er sich immer wieder von ihr vereinnahmen – auch um der Verbreitung seiner Bilder willen. Nichts von alledem ist in Zilles Fotografien zu spüren. Sie sind auf ihre Weise kompromißlos. Insofern ist Klaus Honnef zuzustimmen, wenn er davon spricht, daß Zille die Wirklichkeit im Zustand »medialer Unschuld« fotografierte [8]. Es muß nur hinzugefügt werden, daß dadurch Parteilichkeit nicht ausgeschlossen ist, sondern so, wie Zille sie verstand, eigentlich erst eingelöst werden konnte. Unbeeindruckt durch die ästhetischen Konventionen seiner Zeit, machte Zille die Kamera tatsächlich zum »verlängerten Auge«, fixierte seine Erlebnisse, Stimmungen und Sehweise angesichts einer Welt, von der er ebenso fasziniert war, wie er ihre Veränderung ersehnte. Zilles Fotos sind mehr als Bildrohstoff, sie sind das Substrat seiner Anschauung der Realität. So sind ihre Einmaligkeit und Größe, aber auch ihre Grenze heute zu verstehen.

Nach 1910 hört Zille auf zu fotografieren. Er war 1907 aus der »Photographischen Gesellschaft« ausgeschieden. Briefe und Selbstaussagen sprechen davon, daß er seinen Auftraggebern »zu alt« und nicht mehr leistungsfähig genug gewesen sei. Es bleibt, auch angesichts der vielen Legenden um Heinrich Zille, daran allerdings ein nicht unerheblicher Zweifel, wenn man bedenkt, wie produktiv Zille in der Folgezeit noch gewesen ist und welche hohe Qualifikation er sich erworben hatte. Ganz ohne weitere Gründe konnte sich die »Photographische Gesellschaft« die Entlassung eines

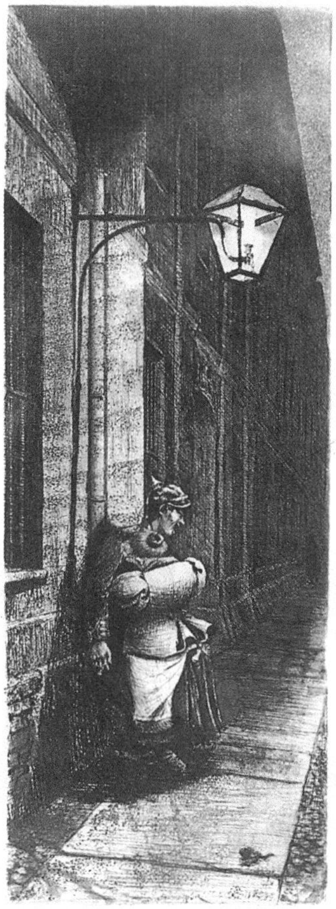

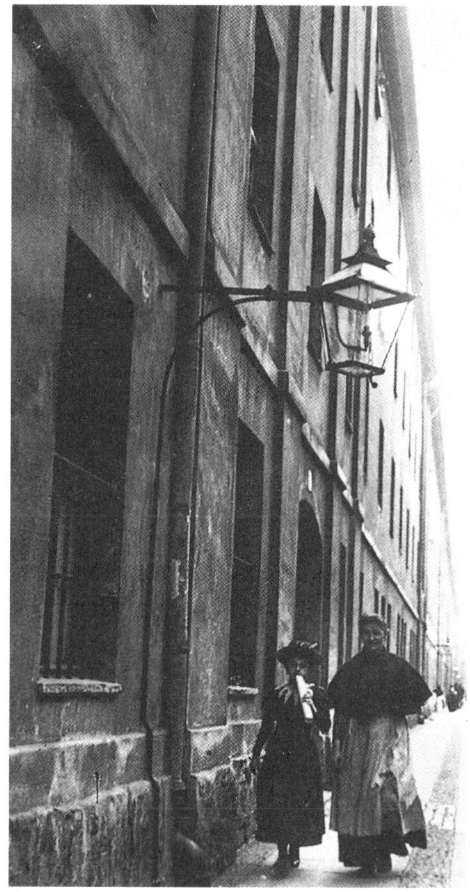

Kaisers Geburtstag, 1899, Radierung. 44,8 × 16,7 cm

An der Alexander-Kaserne in Berlin,
Kleine Alexanderstraße nach Süden, vor 1899. 9 × 12 cm

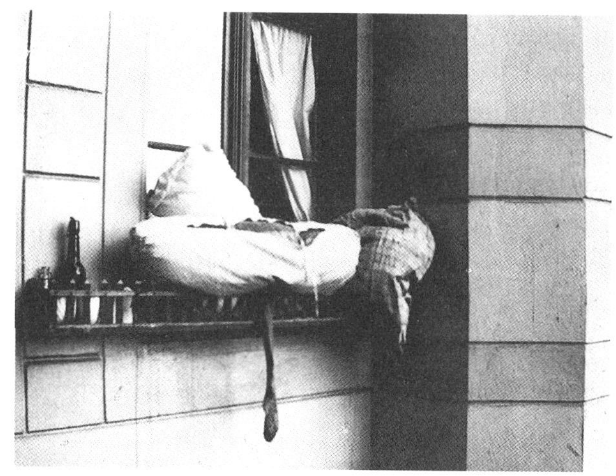

Stilleben, Blick aus dem Küchenfenster
der Charlottenburger Wohnung, um 1900. 9 × 12 cm
(vgl. Detail im Bild unten)

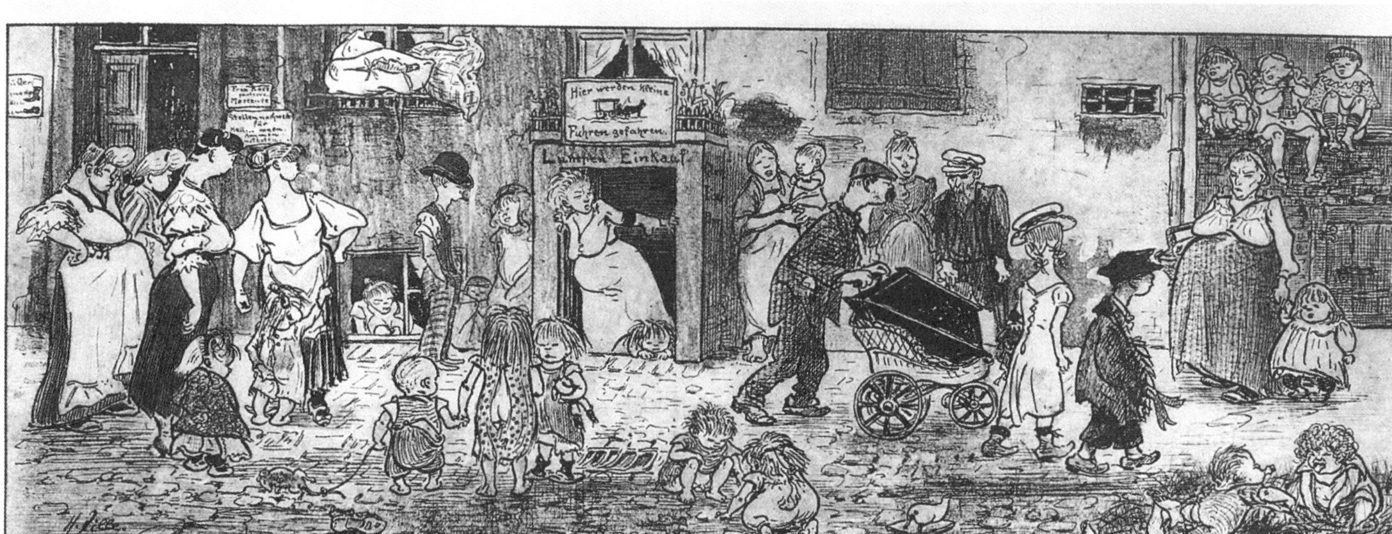

Zur Mutter Erde, um 1905, Heliogravüre nach einer Zeichnung. 22,7 × 50,7 cm

solchen Mitarbeiters gewiß nicht leisten. Zille stand 1907 künstlerisch bereits auf eigenen Füßen. Er war Mitglied der »Berliner Secession«, die eine wichtige Rolle im Kunstleben spielte, führende illustrierte Zeitschriften druckten seine Arbeiten, und er stellte sie auch regelmäßig aus. Das Selbstbewußtsein, das daraus notwendig resultierte, muß eine mitentscheidende Rolle gespielt haben. Zudem war Zilles erste Buchpublikation in Vorbereitung, und er hatte freundschaftliche Beziehungen zu vielen seiner Berufskollegen, setzte sich, wie aus seinen Berichten hervorgeht, für die Rechte derer ein, die in stärkerem Maße abhängig waren als er selbst. Vielleicht lag hier der Grund für das Zerwürfnis. Über etwaige Kontakte Zilles zur »Photographischen Gesellschaft« nach 1907 ist nichts bekannt. Seine erste Sammlung von Heliogravüren nach eigenen Zeichnungen erschien 1909 in einem anderen Verlag, und Zille hat späterhin des öfteren die ausschließliche Profitorientiertheit seiner ehemaligen Chefs mit starken Worten kritisiert. Die materielle Basis für eigene fotografische Tätigkeit war ihm seit 1907 weitgehend entzogen. Nichts ist darüber bekannt, ob Zille seine letzten Fotografien in anderen Ateliers hat entwickeln oder kopieren lassen oder ob ihm der Zugang zu den Arbeitsräumen der »Photographischen Gesellschaft« möglicherweise doch weiterhin gestattet war. Viel entscheidender für die Beendigung der fotografischen Arbeit ist aber sicher der Umstand, daß Zille ab 1907/08 gezwungen war, ausschließlich für den freien Illustrationsmarkt zu arbeiten. Redaktionelle Ablehnungen konnten nun die Existenz gefährden. Aus dem Verkauf von Druckgrafiken oder Originalzeichnungen erzielte Zille in jenen Jahren so gut wie kein Einkommen. Er war für den Unterhalt der Familie auf Veröffentlichungshonorare angewiesen. Und die Maßstäbe der meisten Zeitschriften waren eng auf die Bedürfnisse der jeweiligen Leserkreise zugeschnitten. Die Redaktion der »Lustigen Blätter«, Zilles Hauptauftraggeber, zeigte sich vornehmlich an Humorzeichnungen interessiert, weniger an Zilles intimer Sozialkenntnis. Zu vorbestimmten Themen mußten innerhalb kürzester Frist Illustrationen geliefert werden; die Konkurrenz unter den freien Zeichnern zwang zu vermehrten Anstrengungen. Den Durchbruch schaffte Zille 1910, als er zusammen mit dem seinerzeit hochgeschätzten Fritz Koch-Gotha den Menzel-Preis für Illustratoren der »Berliner Illustrirten Zeitung« erhielt. Alle diese Umstände erklären Zilles Abwendung von der eigenen Fotografenarbeit. In den langen Jahren seines nebenberuflichen künstlerischen Tuns hatte sich Zille ohne jeden äußeren Druck einen Bildvorrat geschaffen, von dem er nun ausgiebig zehren konnte. Seine Geringachtung der eigenen Fotografien wird ihm überdies den Abschied von der Kamera leichtgemacht haben.

Heinrich Zilles fotografische Themen sind mit wenigen Stichworten benannt. Neben Markt- und Rummelszenen, Reisigsammlerinnen, Familien- und Atelieraufnahmen sind es vor allem Ansichten aus Berlins ärmsten Vierteln. Die unbelebte Stadt interessiert den Künstler nur, wenn er sich auf Details konzentriert. Meist beobachtet er wenige Menschen in charakteristischer Umgebung und bemüht sich, mit der Kamera so wenig wie möglich aufzufallen, um seine unfreiwilligen Modelle nicht zur Pose zu verleiten. Eine Atmosphäre selbstverständlicher Alltäglichkeit scheint oberste Darstellungsabsicht zu sein. Dabei beweist Zille seinen sicheren Blick für die oft widersprüchlichen Einzelheiten städtischer Zusammenhänge. Selten nur läßt er sich verleiten, einen der idyllischen Winkel der alten Stadt oder das verkehrsreiche Treiben des offiziellen Berlin aufzunehmen. Jene Gegenden waren fotografisch bereits genügend erschlossen, Postkartenserien und Ansichtsfotos ausreichend am Markt. Zille hat sie gesammelt und von dieser Möglichkeit, architektonische Situationen stets zur Weiterverarbeitung parat zu haben, häufigen Gebrauch gemacht. In seinem Nachlaß fand sich eine Anzahl von Postkarten aus verschiedenen bereits kurz nach der Jahrhundertwende verlegten Alt-Berlin-Serien. Der Krögelhof, die Gegend um die Friedrichsgracht, die im Umkreis der Waisenstraße gelegenen Gebiete – kurz, der gesamte alte Stadtkern waren zu dieser Zeit schon beliebte und kommerziell ausgiebig genutzte Fotomotive.

Die Stadtentwicklung, den Abriß der alten Bauten, um Platz für die rentablen Geschäftshäuser zu schaffen, hielt vor allem F. Albert Schwartz »im Wettlauf mit der Spitzhacke« [9] lichtbildlich akribisch fest. Zille hat Fotos von Schwartz gekannt und auch nach ihnen gezeichnet. Jener tiefgreifende Wandel des städtischen Bildes forderte ihn selbst jedoch fotografisch nicht heraus.

Sieht man von einigen Aufnahmen ab, auf denen Bauzäune einen sachlichen Hintergrund für vorübergehende Menschen bilden, so sind die zwei bekannten Fotografien von

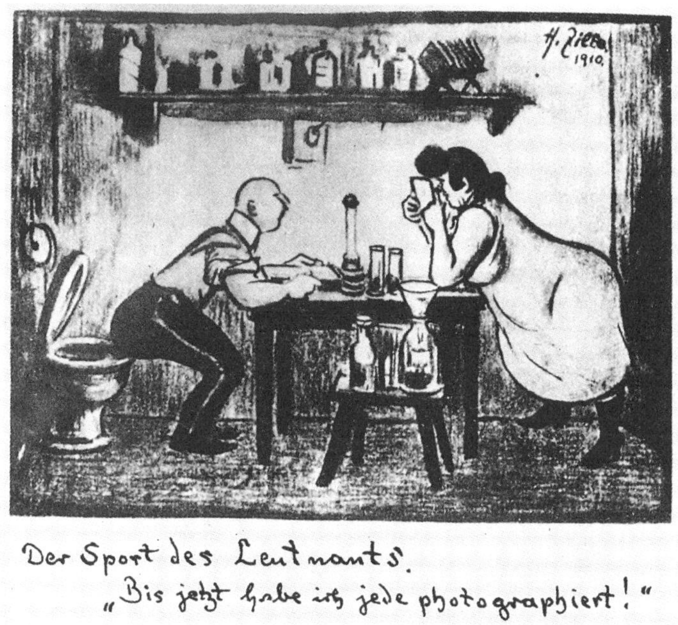

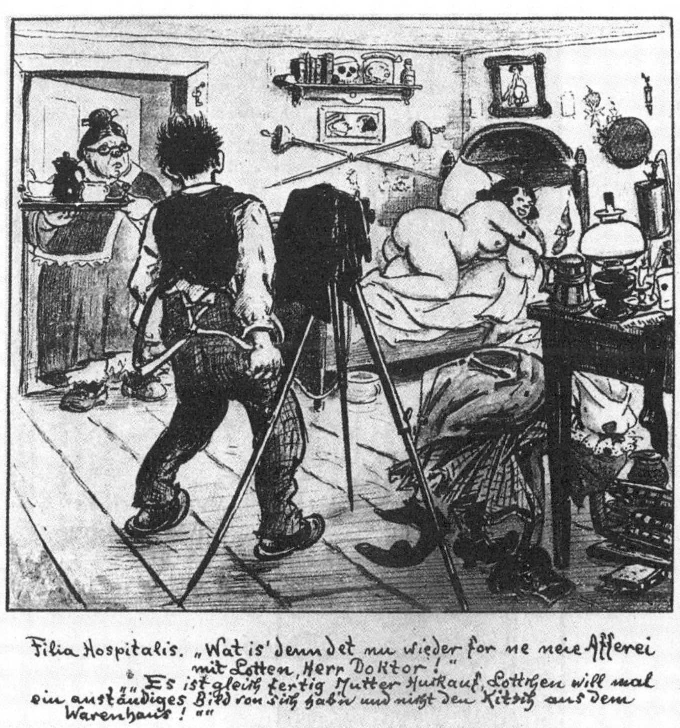

Das Medium als Gegenstand der Satire

Straßenarbeitern am Fuße der Stadtbahnbögen in der Nähe des Alexanderplatzes die einzigen, auf denen etwas von der regen Bautätigkeit festgehalten ist. Den Abriß des Scheunenviertels um 1910 hat Zille in verschiedenen Zeichnungen dargestellt, aber bis auf eine Ausnahme nicht, wie es seiner Arbeitsweise entsprochen hätte, fotografiert.

Die meisten Aufnahmen aus der Innenstadt, insbesondere die nachweislich nach 1902/03 entstandenen, sind nur in alten Kontaktabzügen erhalten. W. Ranke führt gute Gründe an, diese im Nachlaß aufgefundenen Kopien als von eigenen Negativen abgezogen zu bewerten. Trotzdem ist die Vermutung nicht auszuschließen, daß Zille sich zwischen 1905 und 1912 auch fremder Negative für sein Vorlagenalbum bedient hat, denn deren Herkunft ist aus keiner verläßlichen Quelle zu klären. Sicher kann man jedoch annehmen, daß eine Reihe von Fotos dieses Themenkreises, seien sie nun eigenhändig oder auf Zilles Anregung hin belichtet worden, verlorengegangen ist. Hier wird nur die noch ausstehende stilkritische Untersuchung auf der Grundlage des gesamten Materials Klarheit bringen.

Gezielte Fotoexkursionen unternahm Heinrich Zille in das seiner Charlottenburger Wohnung gegenüberliegende Brachland bis an den Rand des Grunewaldes, in den sich die Villenviertel der expandierenden Großstadt hineinschoben. Hier entstanden die Serien der Reisigsammlerinnen – Fotos von Arbeiterfrauen, die sich im Herbst mit kostenlosem Brennholz bevorraten. In der französischen Malerei der Barbizon-Schule spielte dieses Thema bereits eine Rolle, auch Max Liebermann schuf 1896 eine Radierung, die holztragende Frauen darstellt. Zille hat das Thema um die Jahrhundertwende nahezu systematisch bearbeitet, etliche Studien, einige farbige Zeichnungen und drei wichtige Radierungen waren neben den Fotografien die künstlerische Ausbeute seiner Beobachtungen. Es ist sicher nicht übertrieben, ihm dabei auch symbolische Absichten zu unterstellen. Herbst, Vorrat für Wärme in kalten Zeiten, das Sich-selbst-Helfen, um sich vor der Not zu schützen – solche symbolträchtigen Konstruktionen, gewonnen aus Erfahrungen seiner engsten Umgebung, haben ihn gewiß berührt. Darum sind die Fotografien auch viel mehr als Studien von lastgebeugten Körpern und der Anstrengung, beladene Wagen durch den Sandboden zu ziehen. Zille interessiert sich für das Miteinander der Frauen, ihre Solidarität, Hilfe und

Kommunikation. Für einige dieser Aufnahmen wagt er sich viel näher an seine Modelle heran, als er dies für gewöhnlich tut. Und man scheint ihn ohne Scheu gewähren zu lassen. So gelingen Zille großartige Bilder selbstbewußter Proletarierfrauen, wie sie ihresgleichen suchen. Ohne durch städtische Kulissen abgelenkt zu sein, konzentriert sich der Fotograf hier einzig auf die Menschen. Nebenbei entstehen auch ein paar Landschaftsaufnahmen karger Sandwege, Müllhalden und der Stadtrandsilhouette. Gerade diese Fotos belegen, daß Zilles Bildinteressen sich häufig spontan einstellten, daß er sich von den Motiven hinreißen ließ, die sich seinem wachen Blick allerorten boten.

Auf dem Rummel am Lietzensee-Park, wohin Zille ebenfalls Fotoexkursionen unternahm, verhält er sich mit der Kamera diskret. Hier ist er bemüht, das Amüsement der Besucher nicht zu stören, den Betrieb möglichst unverfälscht einzufangen. Zille profitiert von der Anonymität der Menschenmenge, hält sich im Hintergrund und will zeigen, wie das Volk sich der Vergnügungsangebote bedient. Dabei geht es ihm nicht um Schauansichten, sondern auch wieder um die Perspektive des Beteiligten, der bescheiden abwartet, bis er selbst an die Reihe kommt. Zille sucht die Normalität schlichten Vergnügens zu dokumentieren und vermeidet jedwede romantisierende Verklärung des Milieus fahrender Schausteller. Deren Lebensumstände hält er zudem in etlichen Aufnahmen fest, die während der Schließzeiten oder des Auf- und Abbaus entstanden. Die anarchische Budenarchitektur, die in solcher Umgebung fast schmerzhafte Leere zwischen den Wagen und Zelten, die Geometrie von Zeltgestängen und Markisenstoffen verleihen diesen Fotos einen melancholischen Reiz verlorener Illusionen.

Die Auswahl von Fotografien Heinrich Zilles im vorliegenden Band schließt mit einer Reihe von Aktaufnahmen in verschiedenen Ateliers. Zille hat neben den Abendaktstudien der Akademie häufig an privaten Treffen befreundeter Künstler teilgenommen, auf denen man gemeinschaftlich nach Modell zeichnete. Das hatte den Vorteil gegenseitigen Austauschs, und vor allem ließen sich die Modellhonorare gemeinsam besser aufbringen. Bei einer solchen Sitzung entstanden die Aufnahmen auf den Seiten 110 bis 111. Der Autodidakt Zille konnte von den professionellen Künstlern einiges lernen. Er ließ die Modelle bei solchen Gelegenheiten auch vor der Kamera posieren, wohl weniger, um später nach den Fotos zu zeichnen, als aus Freude an der Aktfotografie an sich. Von geringerem Interesse sind die Aufnahmen kompliziert gestellter Posen für anatomische Studienzwecke. Hingegen hat Zille im Atelier von August Gaul einmal das Modell beim Entkleiden und bei den Vorbereitungen für die Arbeit beobachtet. Er kam dabei zu Fotografien, die ihren erotischen Reiz aus der natürlichen Selbstverständlichkeit der Handlung und der Schönheit des Modells gewinnen (Seiten 100 und 101) und weit über die meist schwüle Aktfotografie der Jahrhundertwende hinausweisen. Direkter ist der Appell, wo Zille das posierende Modell zu einer romantisierenden Grabfigur und den nüchternen Ofenrohren in Beziehung setzt, dabei ironisch auf tiefere Bedeutungen anspielend (Seiten 102 und 103).

Es existiert daneben eine große Zahl von sachlichen Fotografien aus den Ateliers von Bildhauern. Insbesondere bei August Gaul, Fritz Klimsch und Walter Schmarje hat Zille die Arbeitsatmosphäre festzuhalten versucht. Er ging dabei kaum über konventionelle Perspektiven und Ansichten hinaus, die aber etwas davon ahnen lassen, wie beeindruckt der auf dem mühevollen Weg zum Künstlertum befindliche Handwerker Zille in den großzügigen Ateliers der Arrivierten trotz allem gewesen sein mag.

Heinrich Zille hat in seinen Fotografien keinen Stil entwickelt, sondern sich immer von seinen jeweiligen Interessen leiten lassen. Sie konnten recht unterschiedlich sein. Zwischen der unbefangenen Freude am Detail und der Absicht sozialer Dokumentation standen ihm etliche individuell geprägte fotografische Ausdrucksformen zur Verfügung, die nicht Ergebnisse theoretischer Reflexion des Mediums waren, sondern aus Zilles Fähigkeit entsprangen, die Welt in Bildern zu sehen. Diese künstlerische Aneignung der Realität, der Zille technische Perfektion und zeitspezifisches fotografisches Reglement unterordnete, macht mehr noch als die kulturhistorische Information den eigentlichen Wert seiner fotografischen Arbeit aus.

Als die moderne live-Fotografie zum Durchbruch kam, lagen Zilles Negative vergessen in Kisten in seiner Wohnung. Niemand kannte sie, niemand konnte sich von ihnen anregen lassen. Seinen Platz in der Geschichte des beherrschenden Mediums unseres Jahrhunderts hat Zille spät, aber umso nachdrücklicher eingenommen.

Berlin, Mai 1984 *Matthias Flügge*

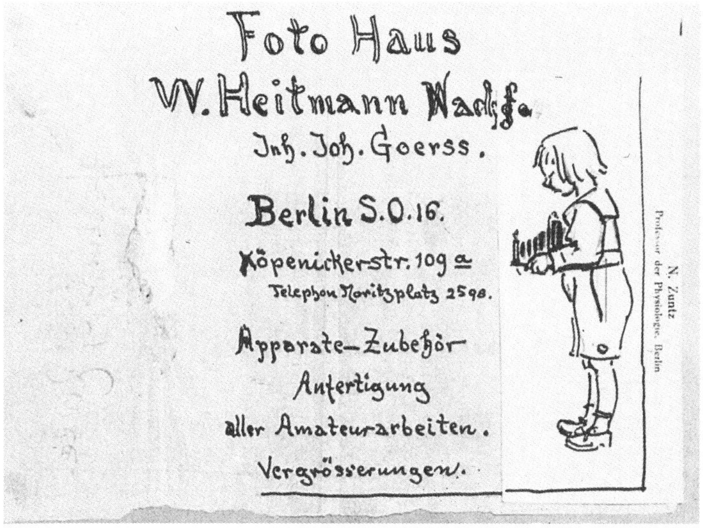

Entwurf für eine Anzeige eines Fotogeschäfts, nicht datiert, Feder

Die vorliegende Auswahl aus dem fotografischen Œuvre Heinrich Zilles stützt sich auf die Kenntnis der Bestände des Berlin-Museums (Westberlin), der Sammlung von Dr. Karl G. Themel [†] (Mülheim/Ruhr) und Heinz Zille (Westberlin) sowie einer Privatsammlung in Berlin, Hauptstadt der DDR. Den privaten Sammlern sei gedankt, daß sie Abzüge zur Reproduktion hergaben. Die Negative und ein umfangreiches Album mit Originalkopien Zilles, das sich im Nachlaß befand, standen zur Einsicht nicht zur Verfügung. Es sind aber aus allen Themenbereichen Zillescher Fotografie charakteristische Beispiele in diesem Band enthalten. Teilweise handelt es sich um Varianten zu den bei W. Ranke [2] abgebildeten Aufnahmen. Die Angabe der Negativformate folgt dessen gründlicher Aufarbeitung des ihm verfügbar gewesenen Materials, ebenso die Jahreszahlen, soweit die neuere Forschung keine anderen Erkenntnisse brachte.

ANMERKUNGEN

[1] Friedrich Luft: Heinrich Zille – Mein Photo Milljöh. Hannover 1967.

[2] Winfried Ranke legte 1975 die bis heute gültige Monografie über den Lichtbildner Zille vor, die den Künstler mit einem Male in die erste Reihe der um die Jahrhundertwende tätigen Fotografen stellte.
Winfried Ranke: Heinrich Zille – Photographien – Berlin 1890–1910. München 1975.

[3] Ausführliche Zeittafeln zu Zilles Biographie finden sich in: Heinrich Zille 1858–1929. Berlin o.J. (1981); D. Rosenbach, R. Altner, M. Flügge: Heinrich Zille. Das graphische Werk. Berlin 1984.

[4] Zitiert nach: Hans Ostwald: Das Zille-Buch. Berlin 1929, S. 22.

[5] Otto Nagel: Für alle. Berlin 1929, unpag.

[6] Margarete Köhler-Zille: Mein Vater Heinrich Zille. Hrsg. Gerhard Flügge, Berlin 1955.

[7] Ernst Barlach: Güstrower Tagebuch 1914–1917 in: Das dichterische Werk, Bd. 3, München 1959, S. 175.

[8] Klaus Honnef, in: Katalog Künstlerphotographien im XX. Jahrhundert. Kestner-Gesellschaft Hannover 1977, S. 14.

[9] Harald Brost, Laurenz Demps: Berlin wird Weltstadt. Photographien von F. Albert Schwartz. Leipzig 1981, S. 43.

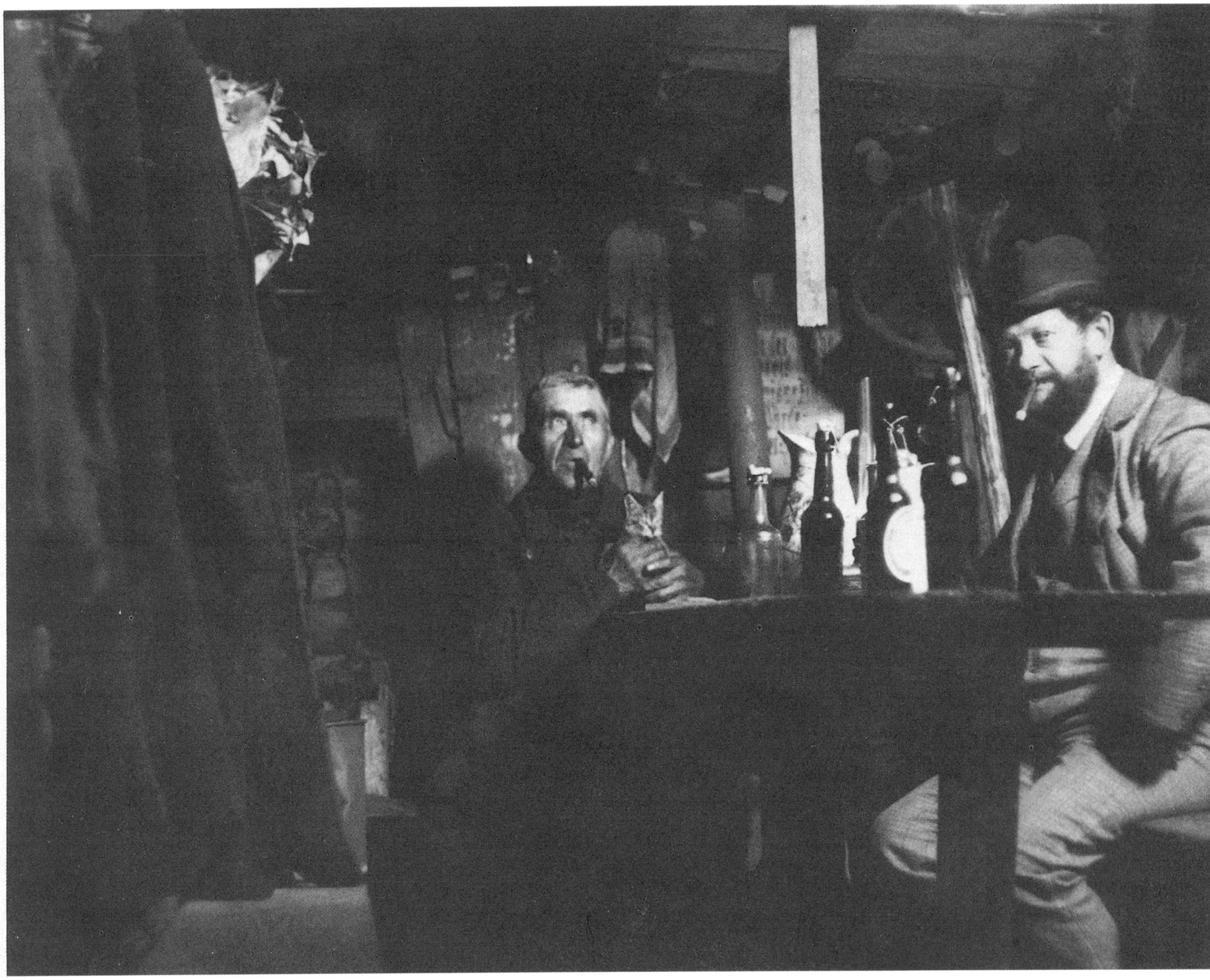

Kiesgrubenwärter und Heinrich Zille, um 1900. 9 × 12 cm

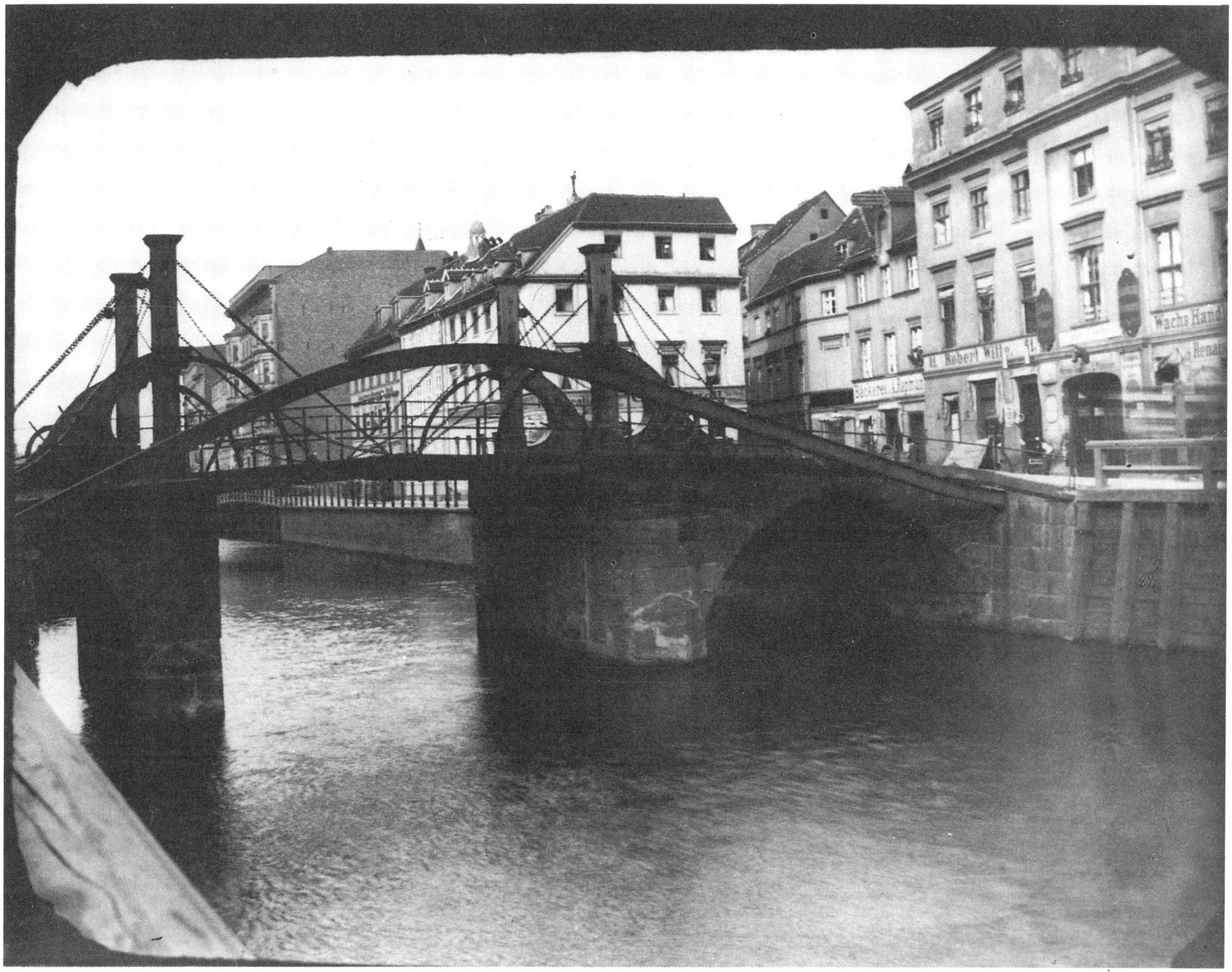

Jungfernbrücke, um 1895

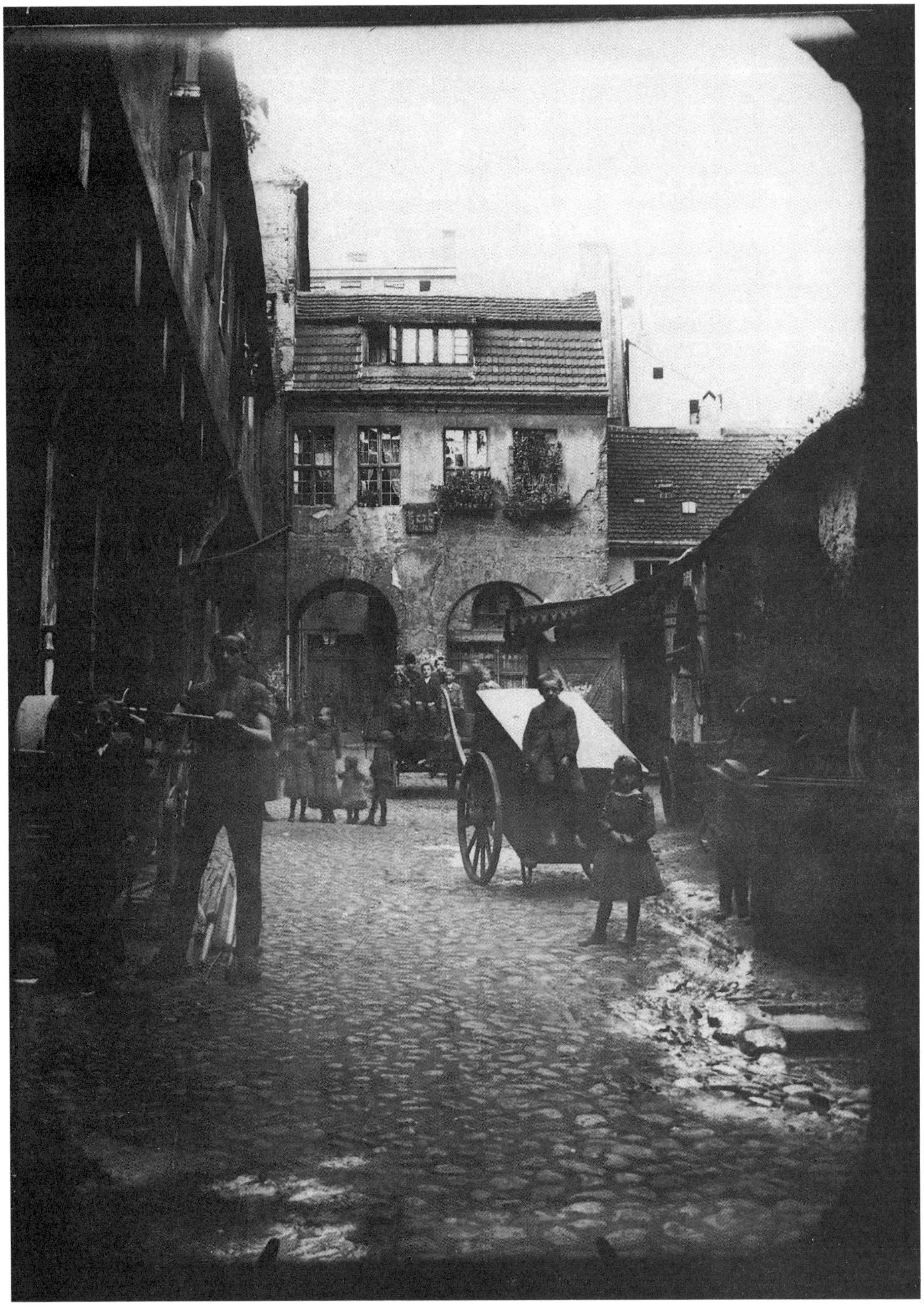

Hof am Krögel, um 1900

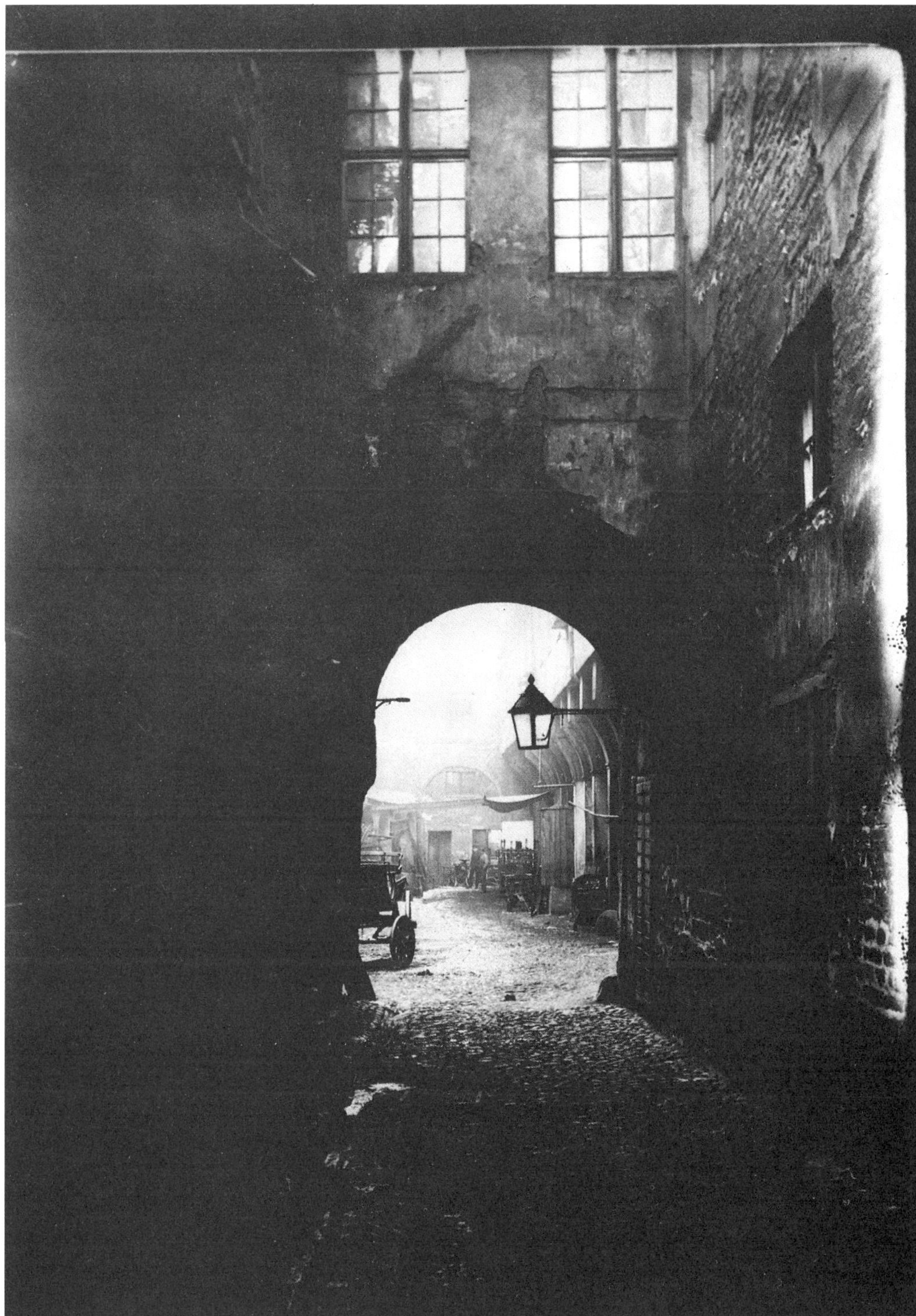

Durchgang zum Krögelhof, um 1900

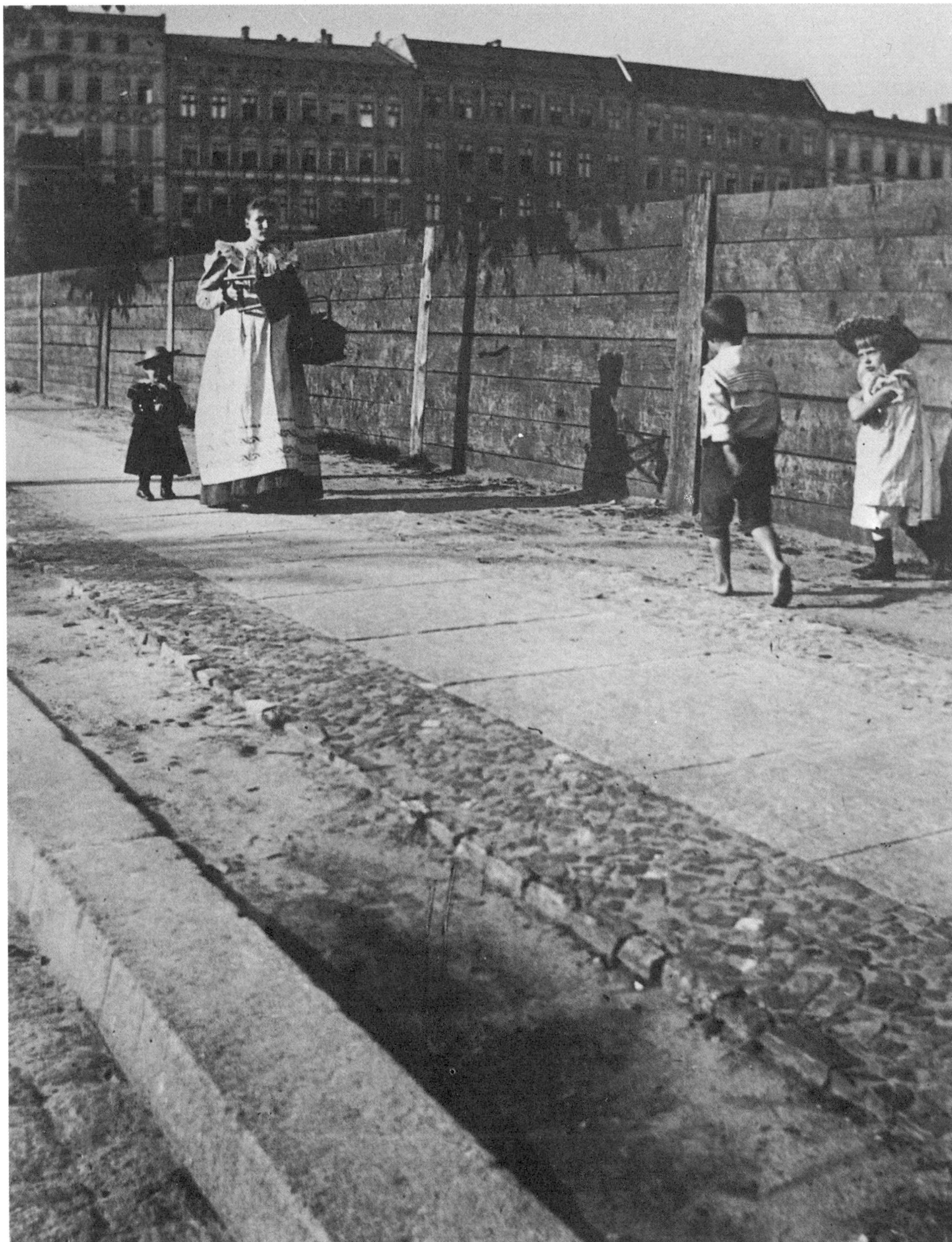

Frau und Kinder. Charlottenburg: Sophie-Charlotten-Straße, vor 1902. 9 × 12 cm

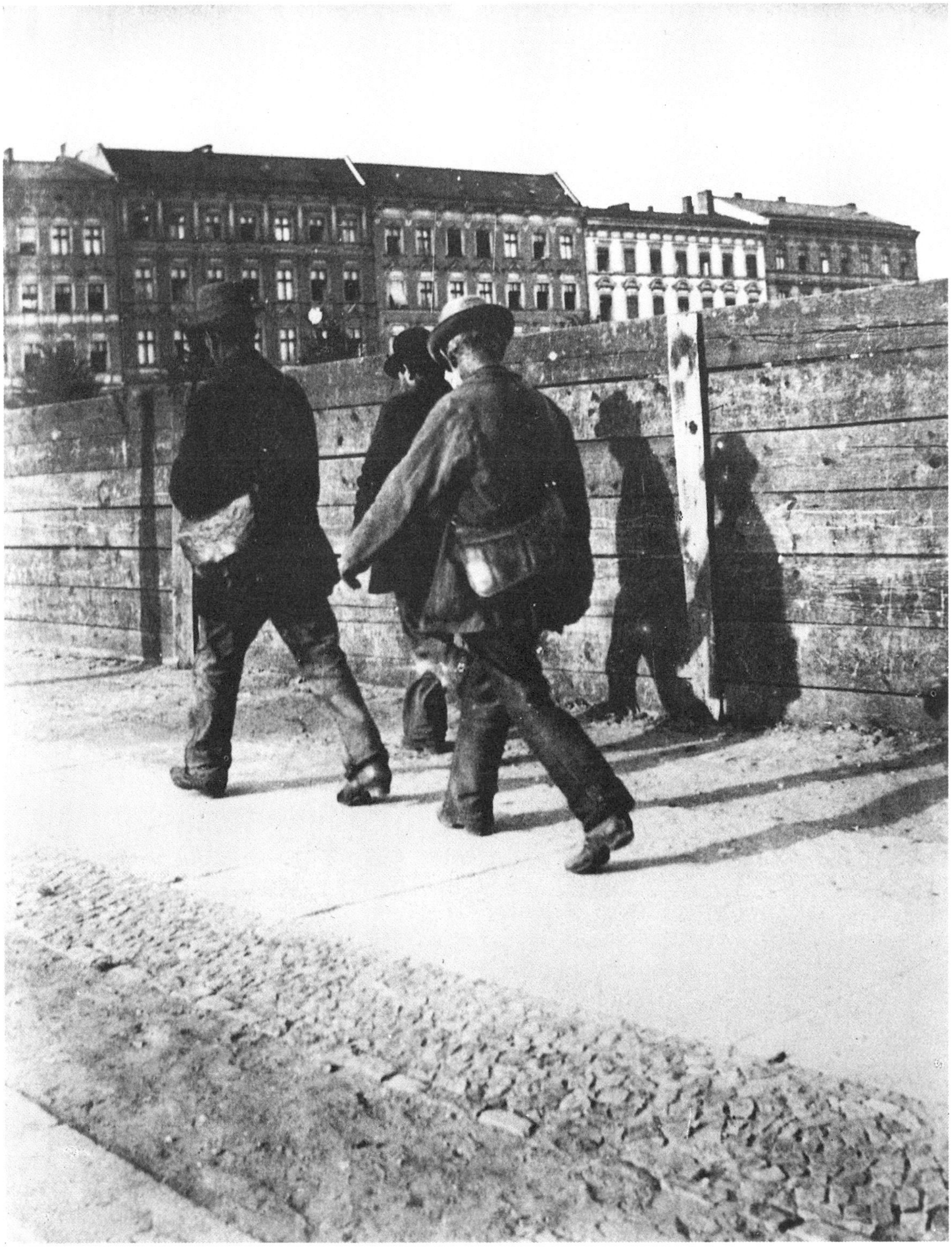

Arbeiter auf dem Heimweg, vor 1902. 9 × 12 cm

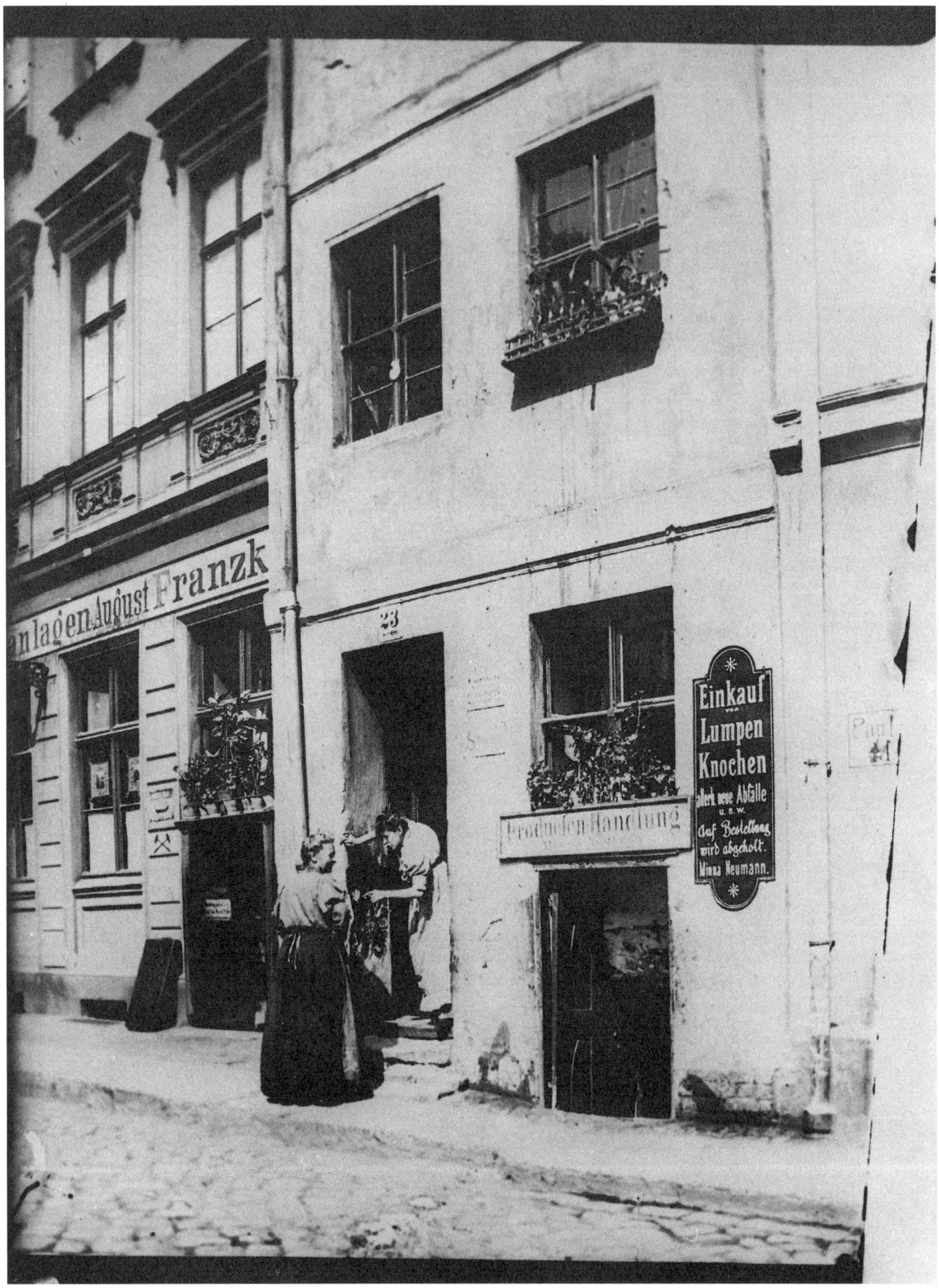

Producten-Handlung Parochialstraße 23, um 1900. 9 × 12 cm

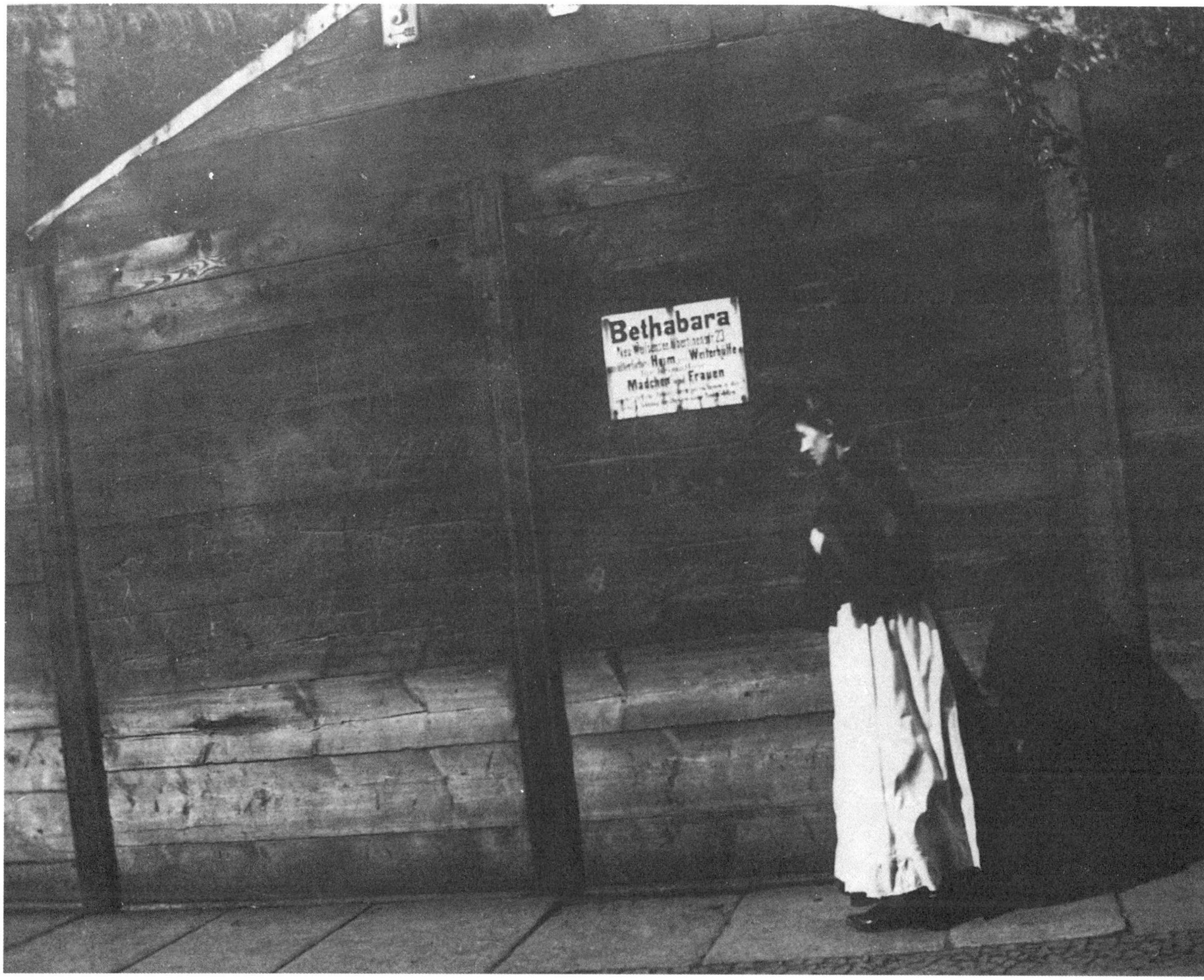

Frau vor einer Holzwand, nicht datiert. 9 × 12 cm

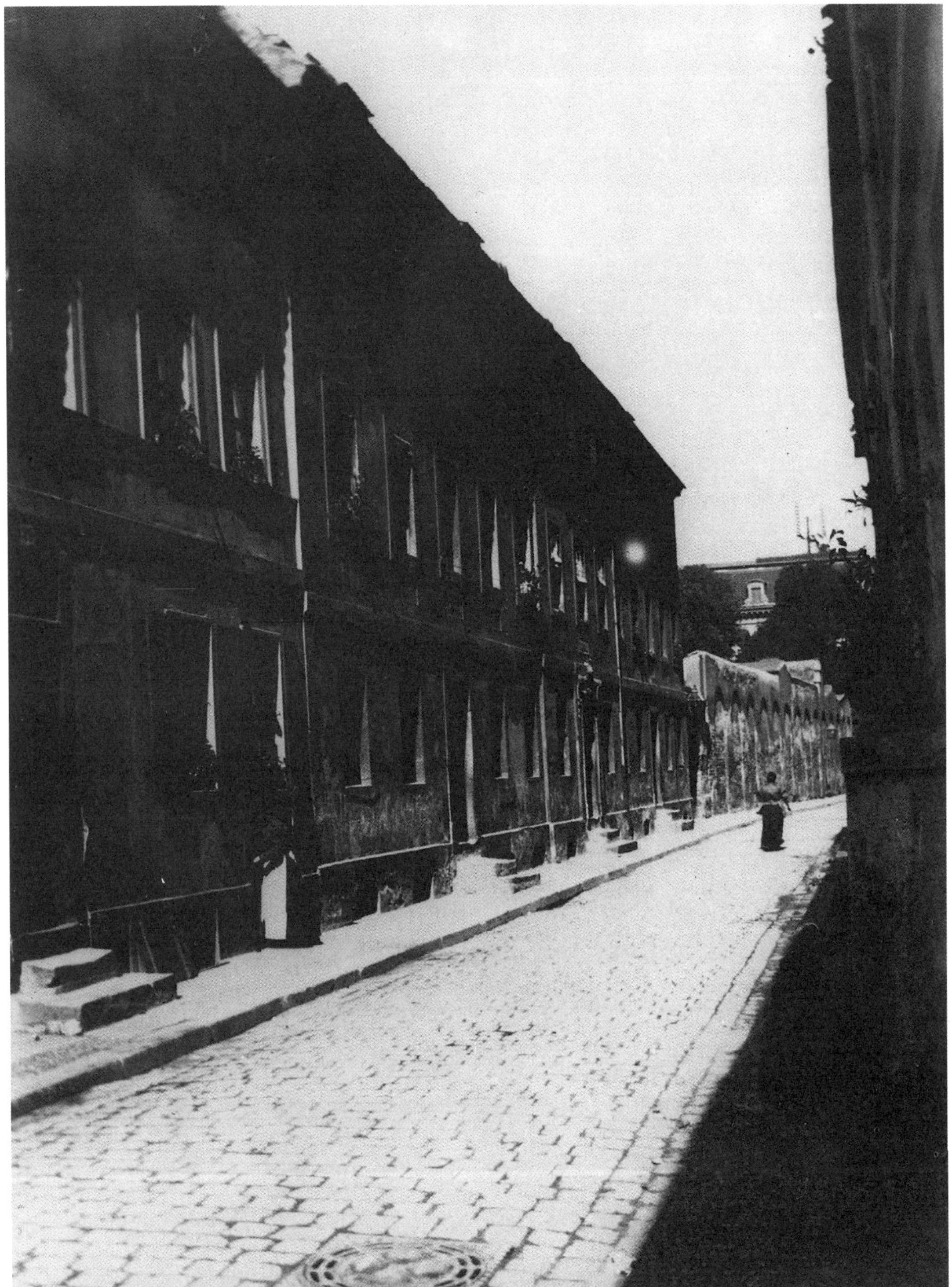

Waisenstraße mit dem Parochialhospital, nicht datiert. 9 × 12 cm (?)

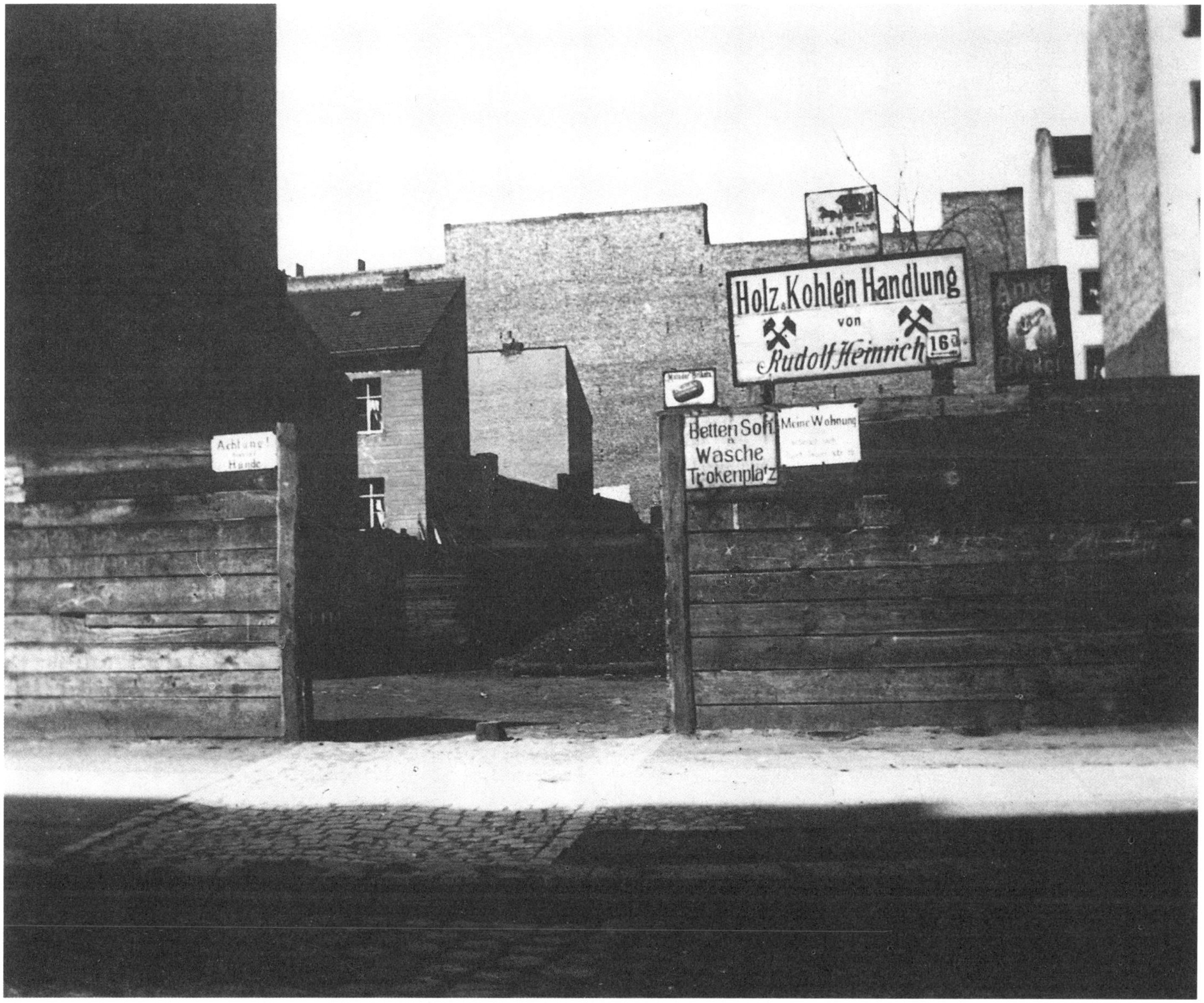

Kohlenplatz in Charlottenburg, Dankelmannstr. 16a, nicht datiert. 9 × 12 cm

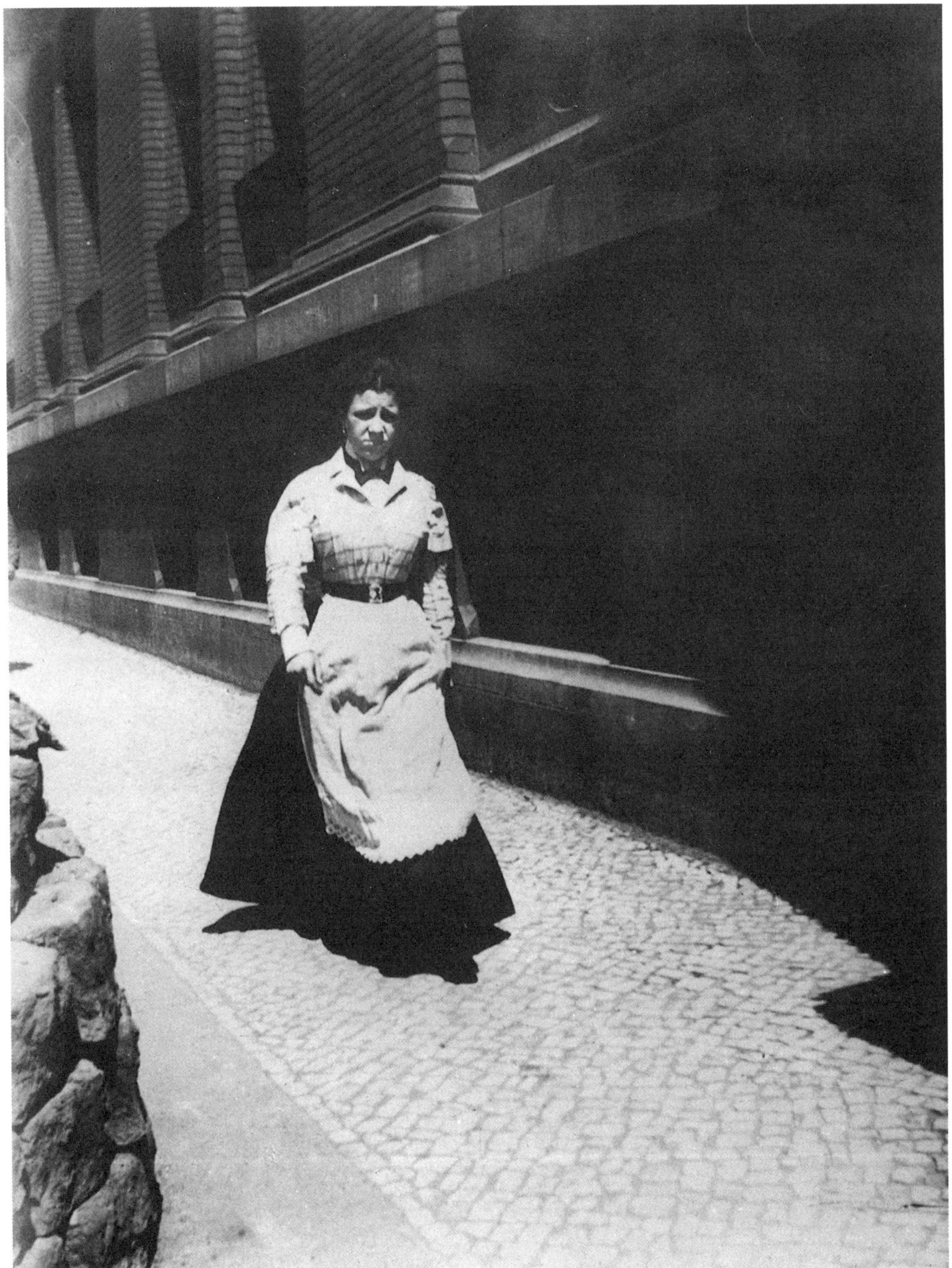

Berlin, Dircksenstraße, nicht datiert. 9 × 12 cm

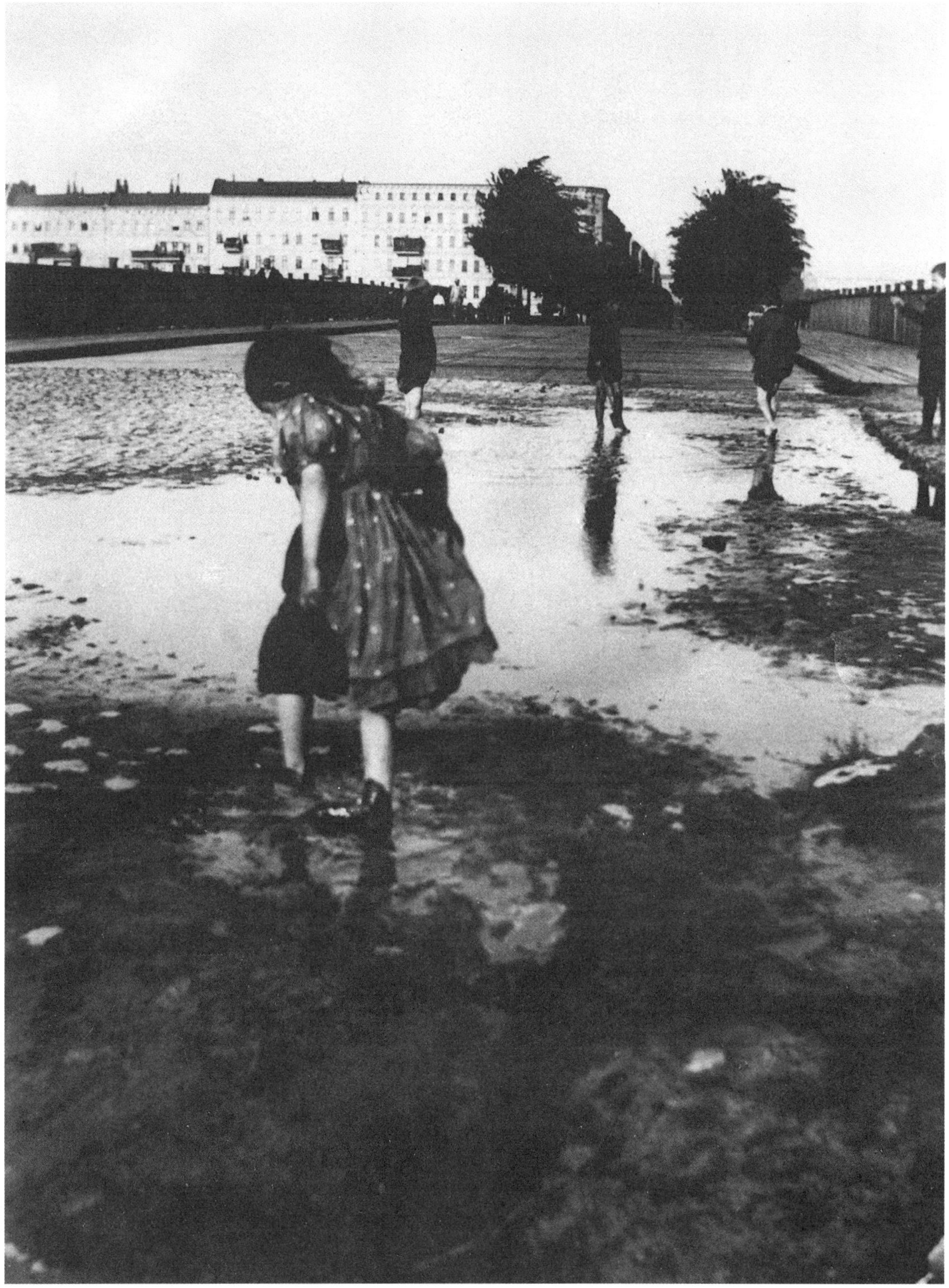

Barfüßiges Mädchen in einer Pfütze, nicht datiert. 9 × 12 cm

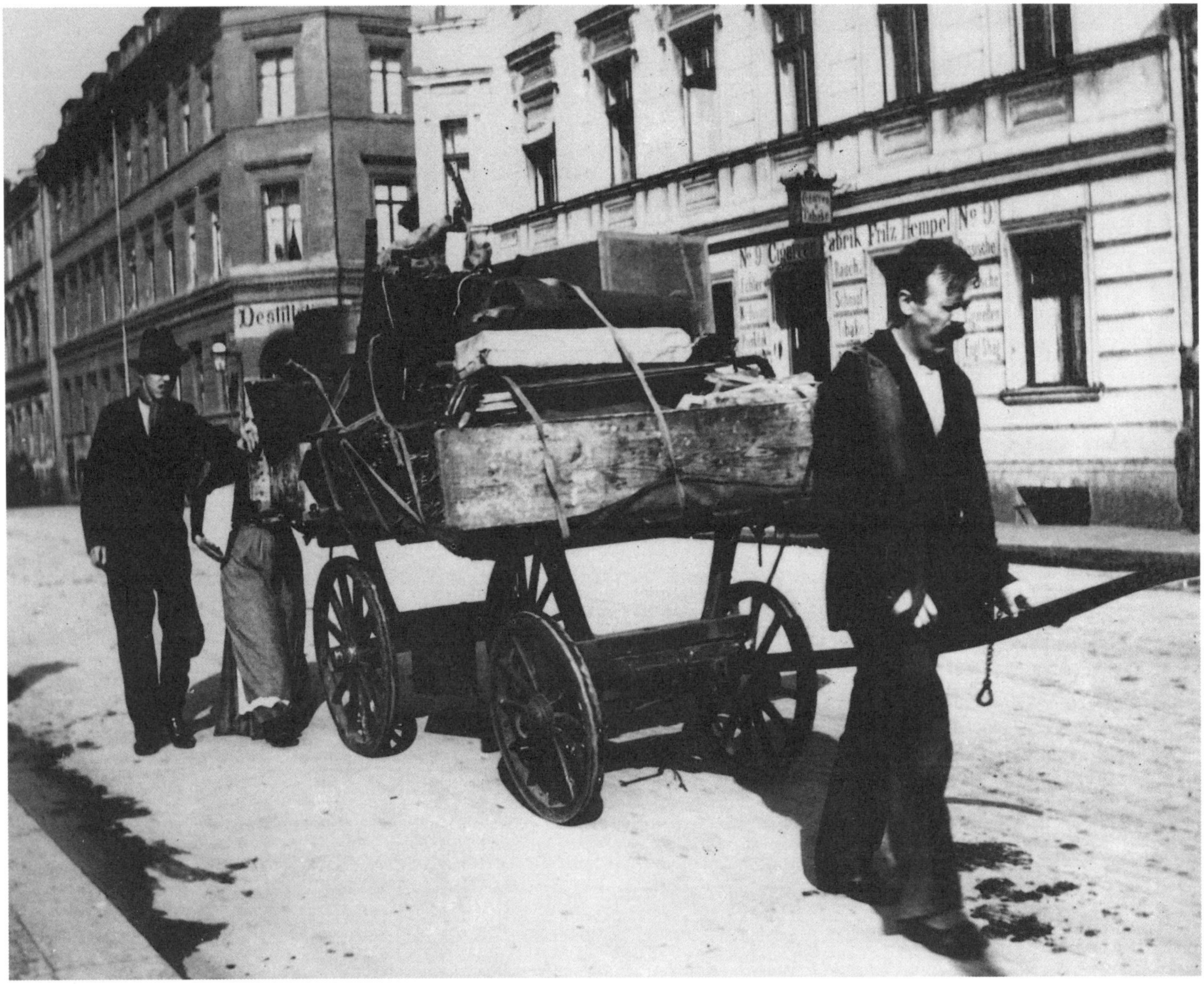

Umzug im Scheunenviertel, nicht datiert. 9 × 12 cm

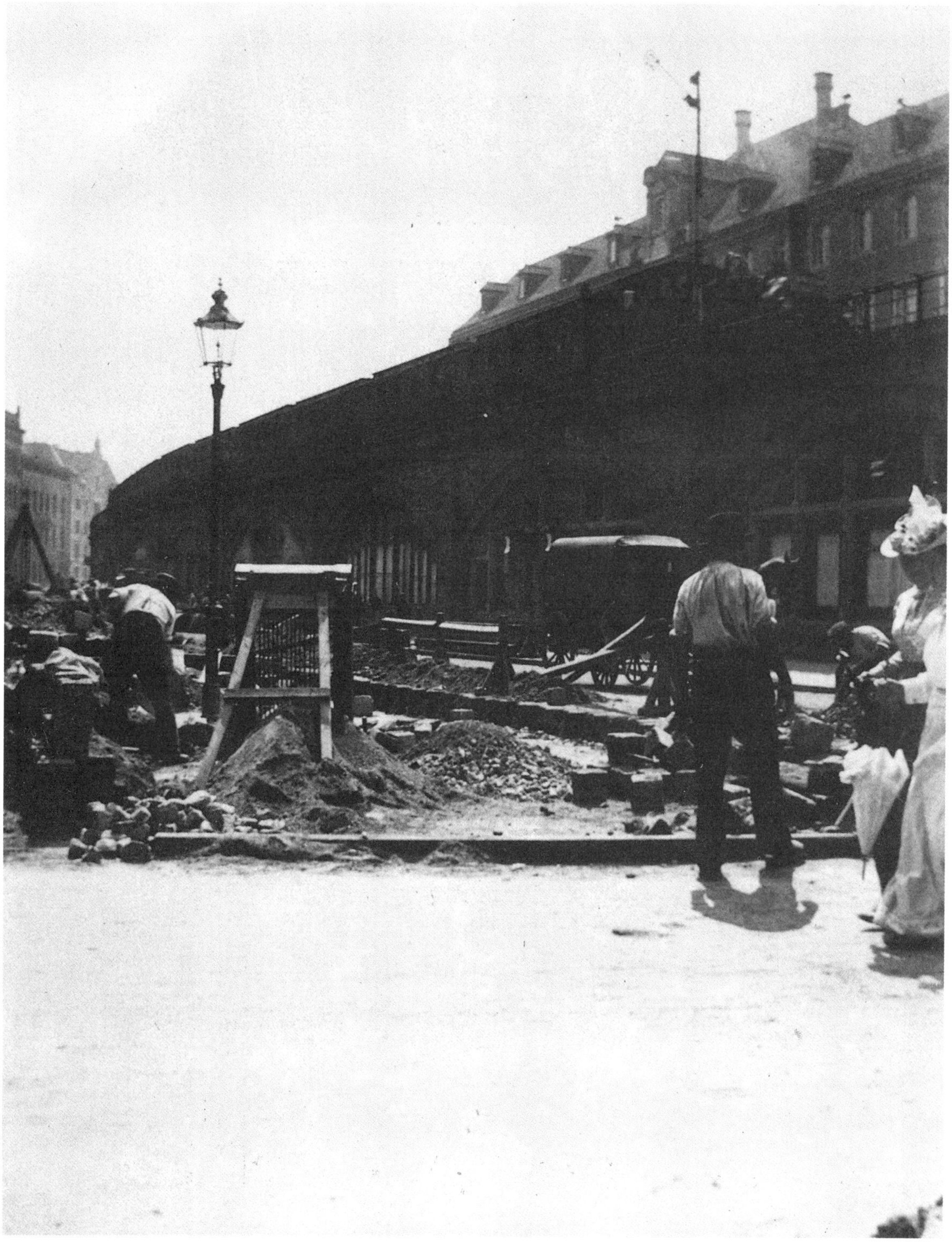

Straßenbauarbeiten in Berlin, Dircksenstraße, nicht datiert. 9 × 12 cm

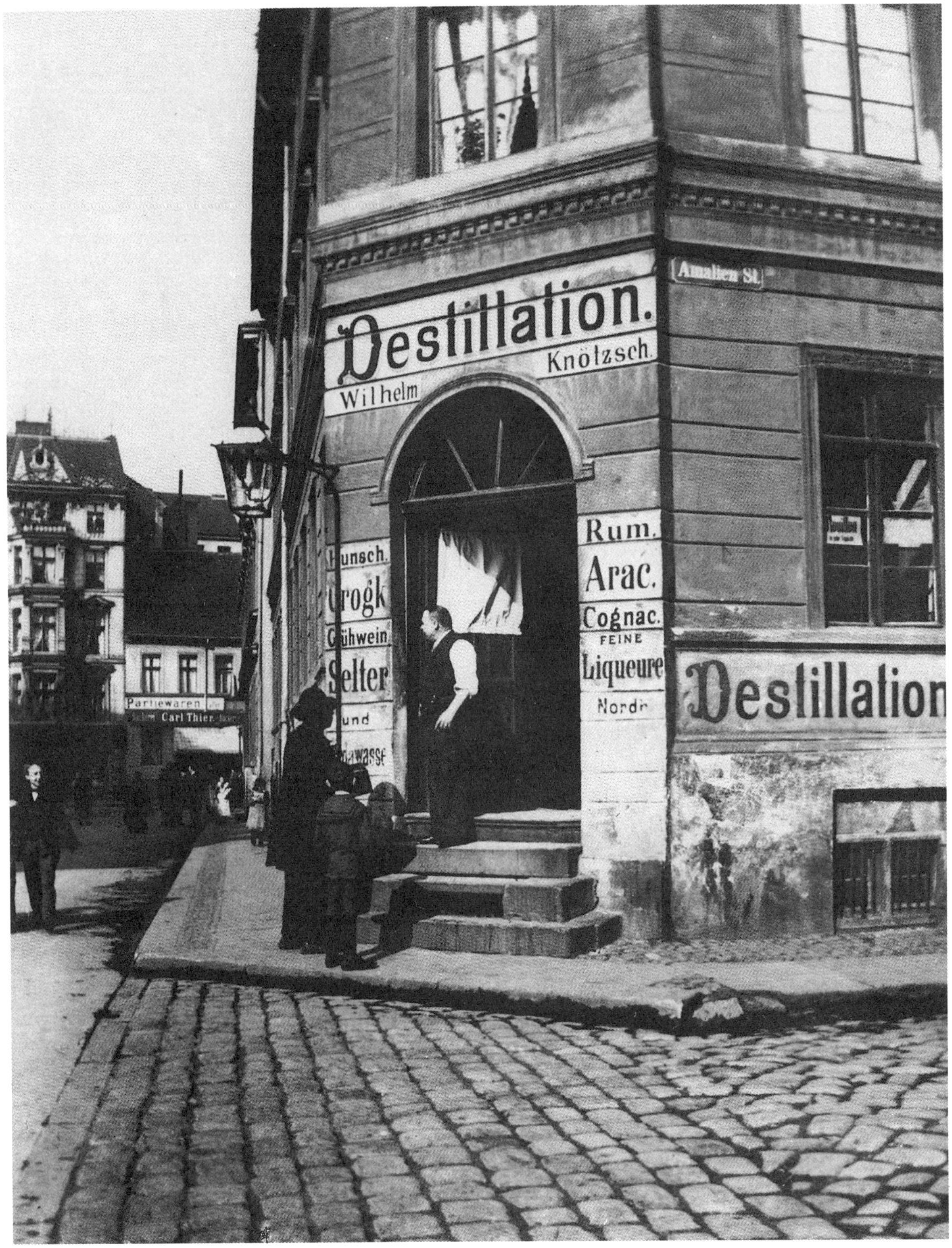

Berlin. Hirtenstraße 10, Ecke Amalienstraße, um 1901. 9 × 12 cm

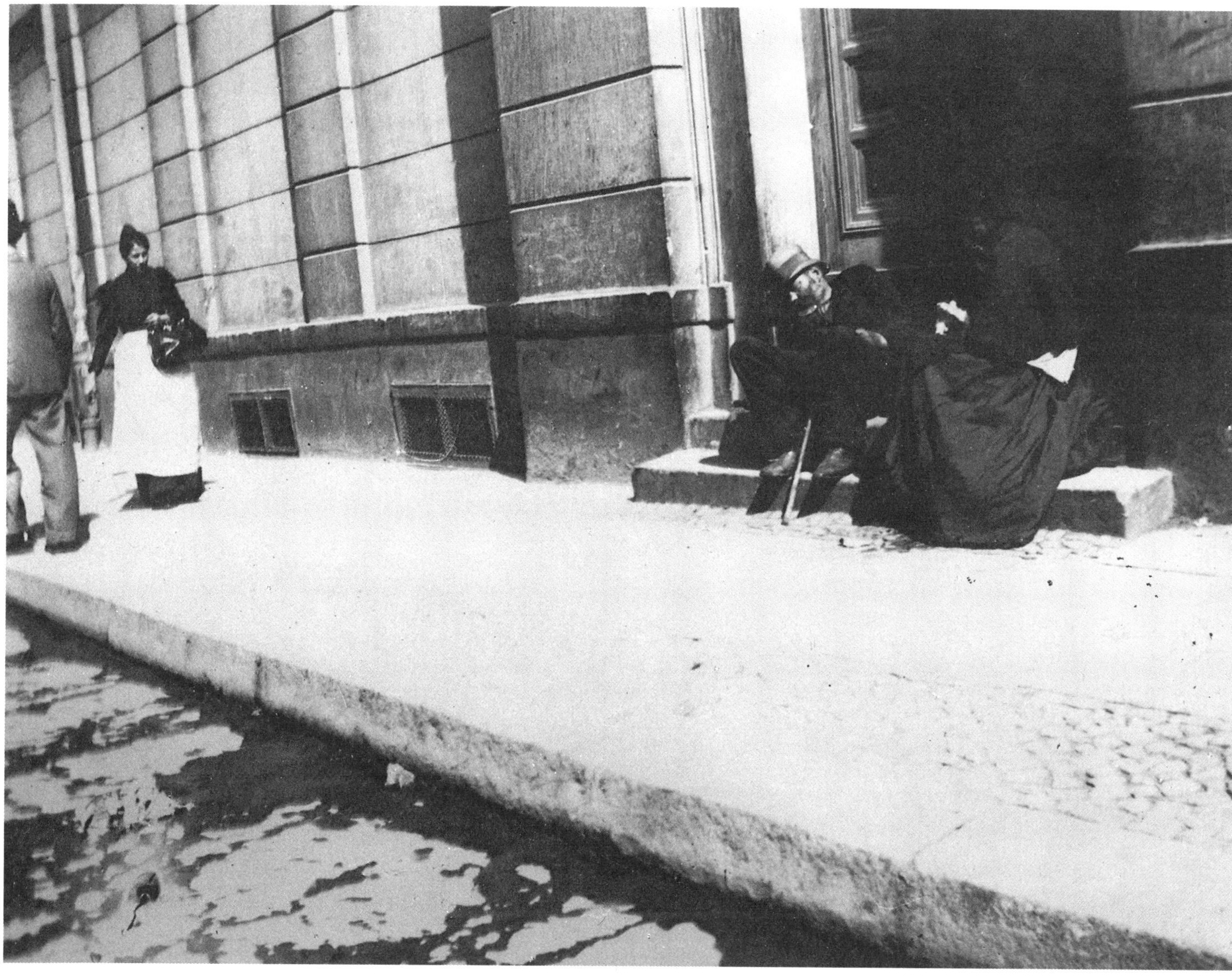

Schlafende Obdachlose, nicht datiert. 9 × 12 cm

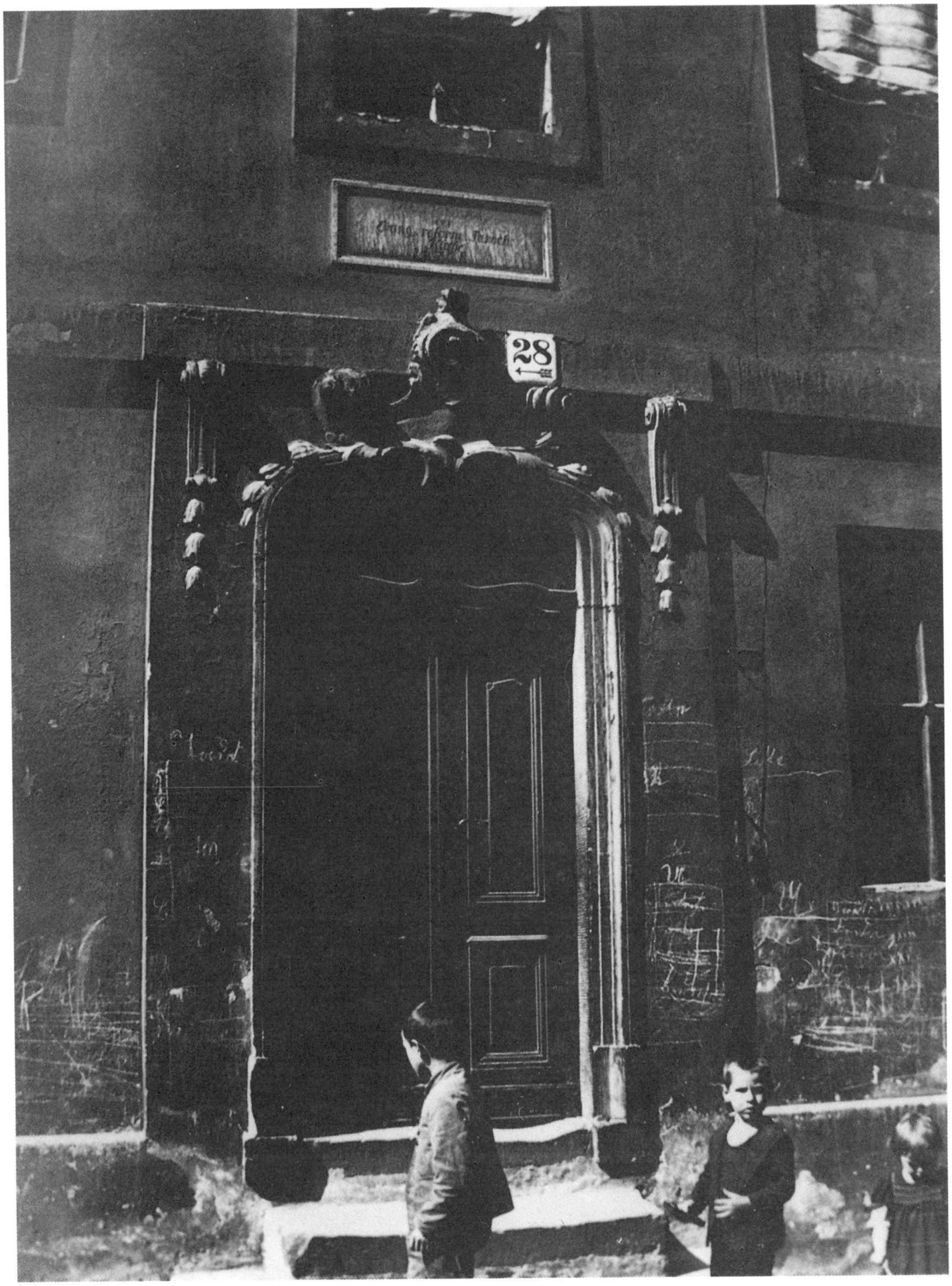

Portal des Parochialhospitals in der Waisenstraße, nicht datiert. 9 × 12 cm

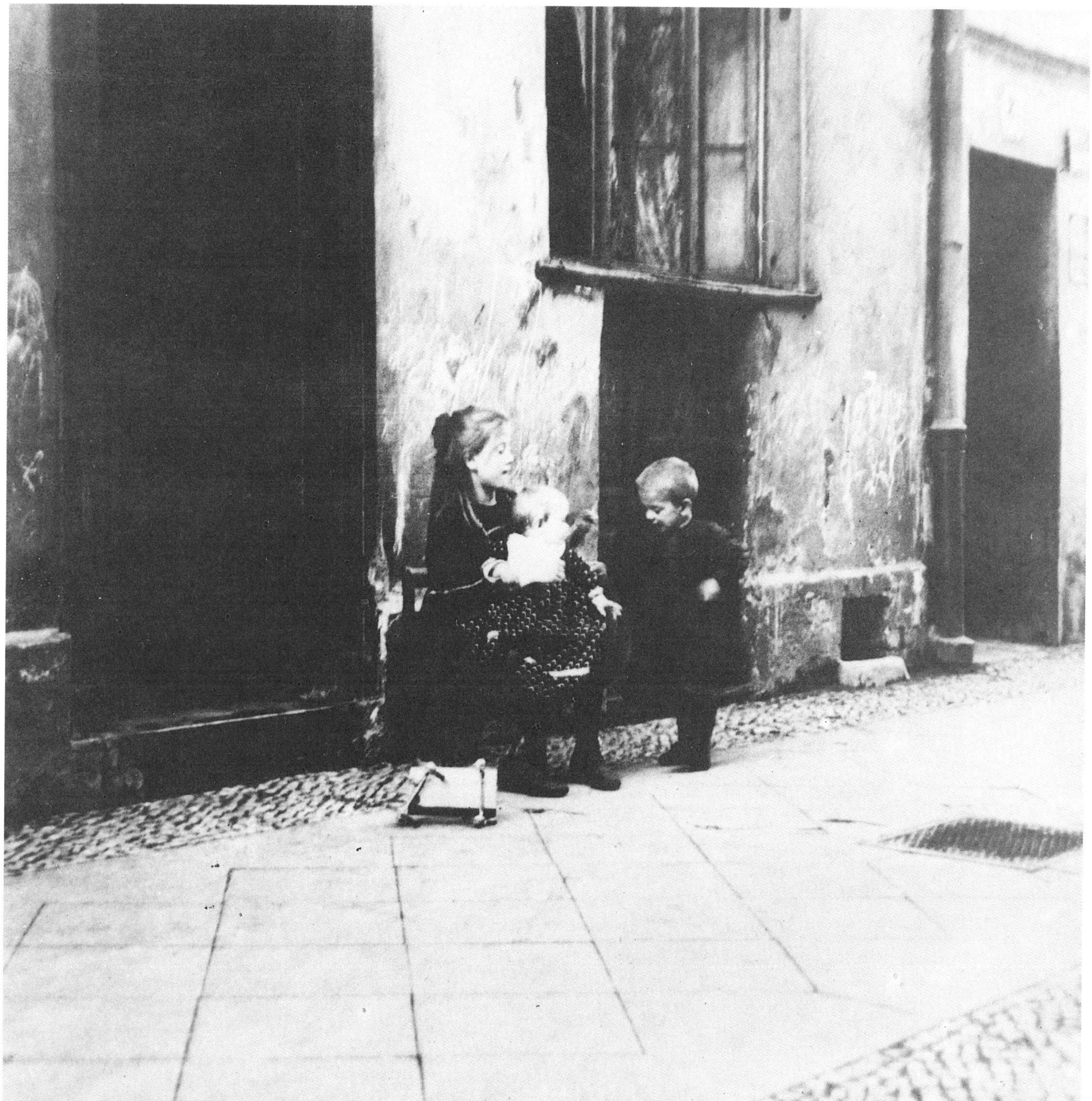

Kinder auf der Straße, nicht datiert. Reproduktion

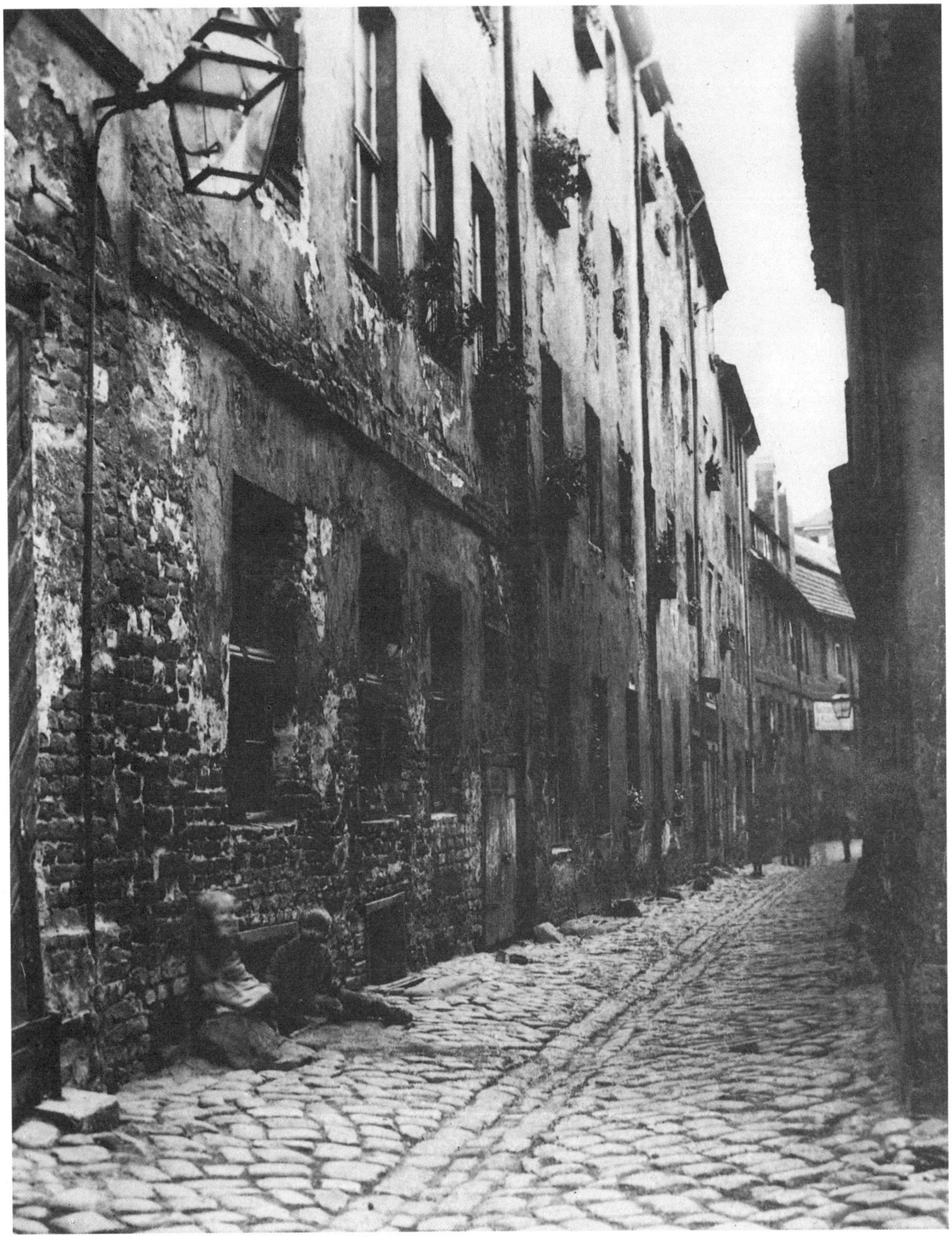

Krögelgasse nach Süden, nicht datiert. 12 × 16 cm

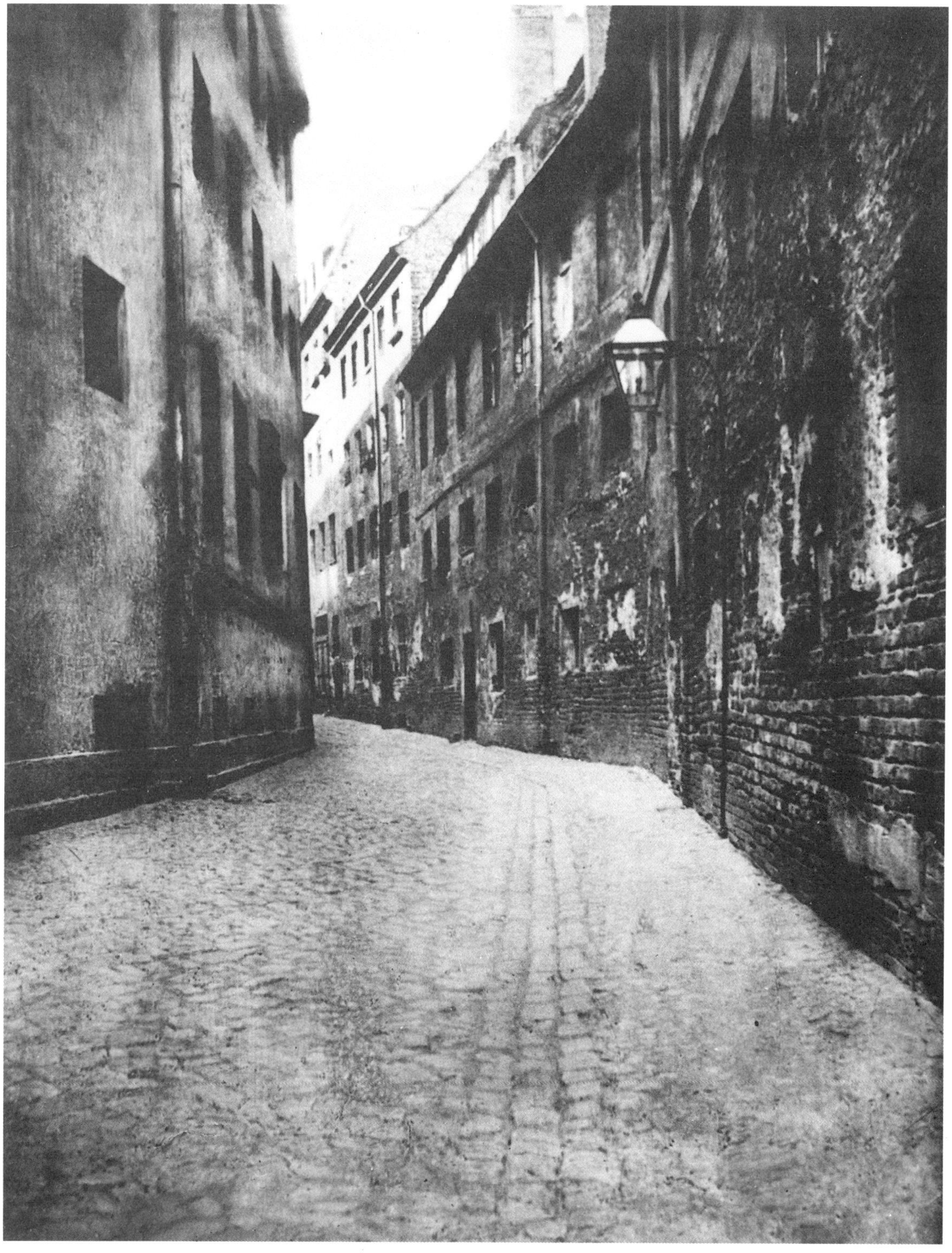

Krögelgasse nach Norden, nicht datiert. 9 × 12 cm

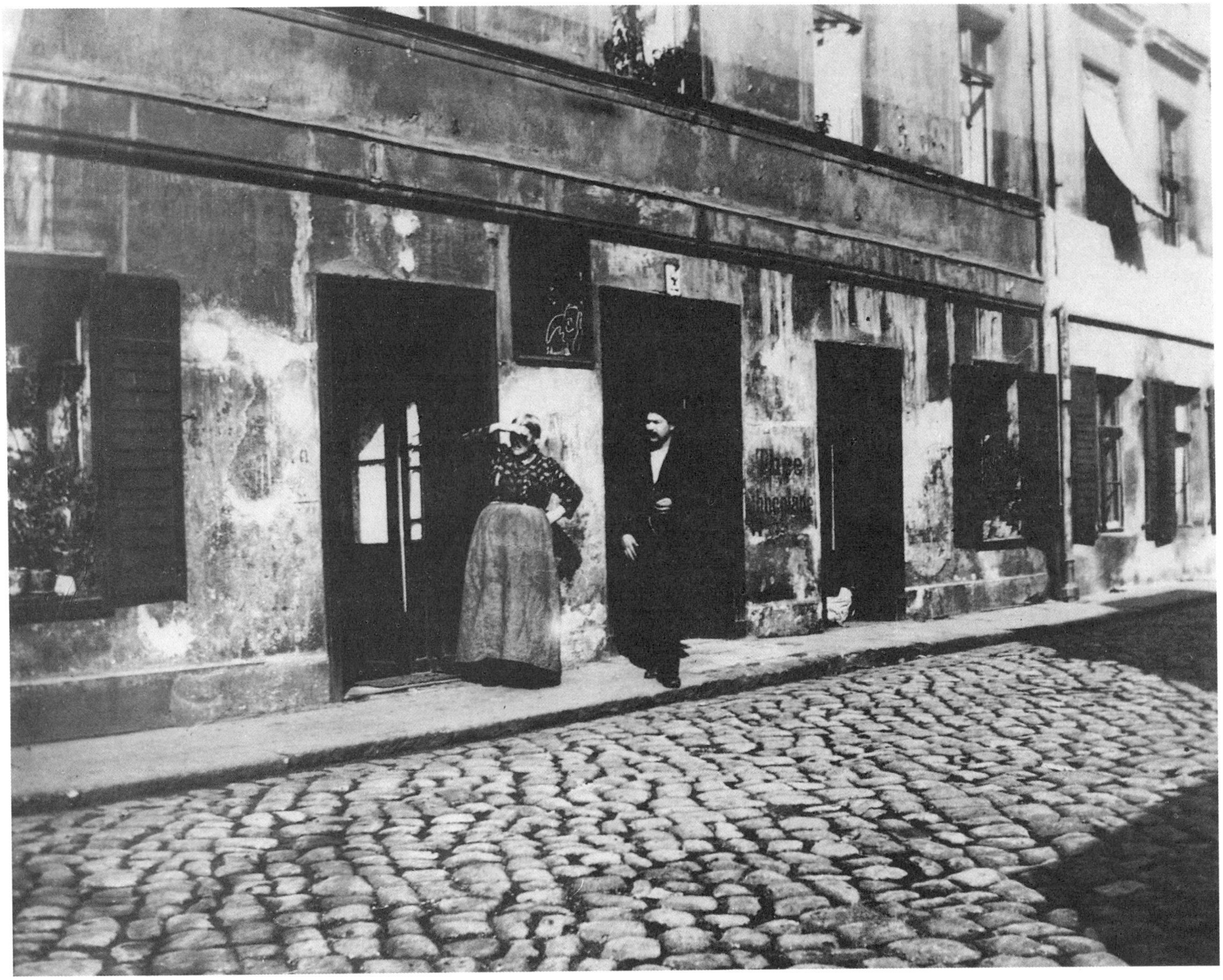

Straße in Alt-Berlin, nicht datiert. 9 × 12 cm

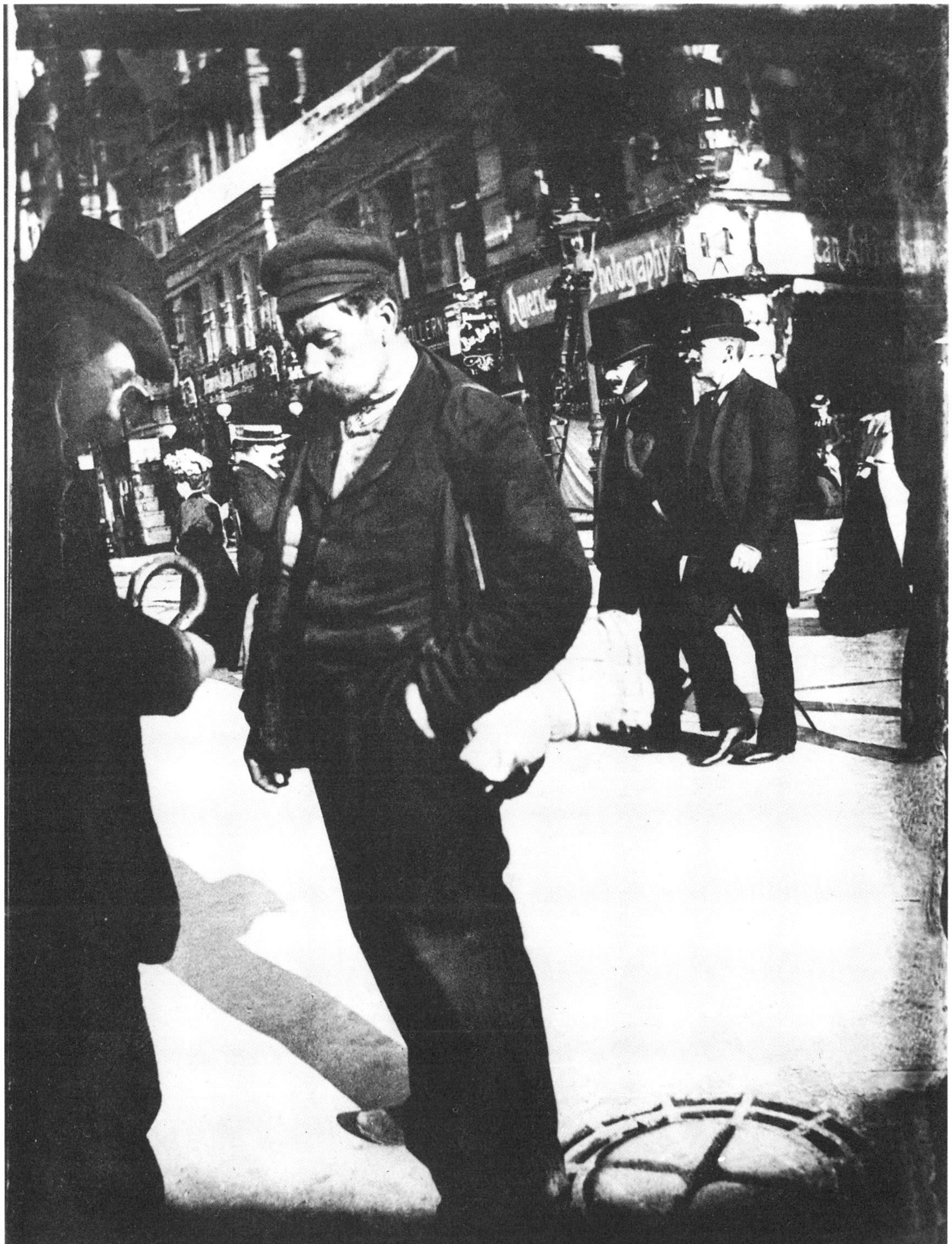

Auf der Kreuzung der Friedrichstraße, nicht datiert. 9 × 12 cm

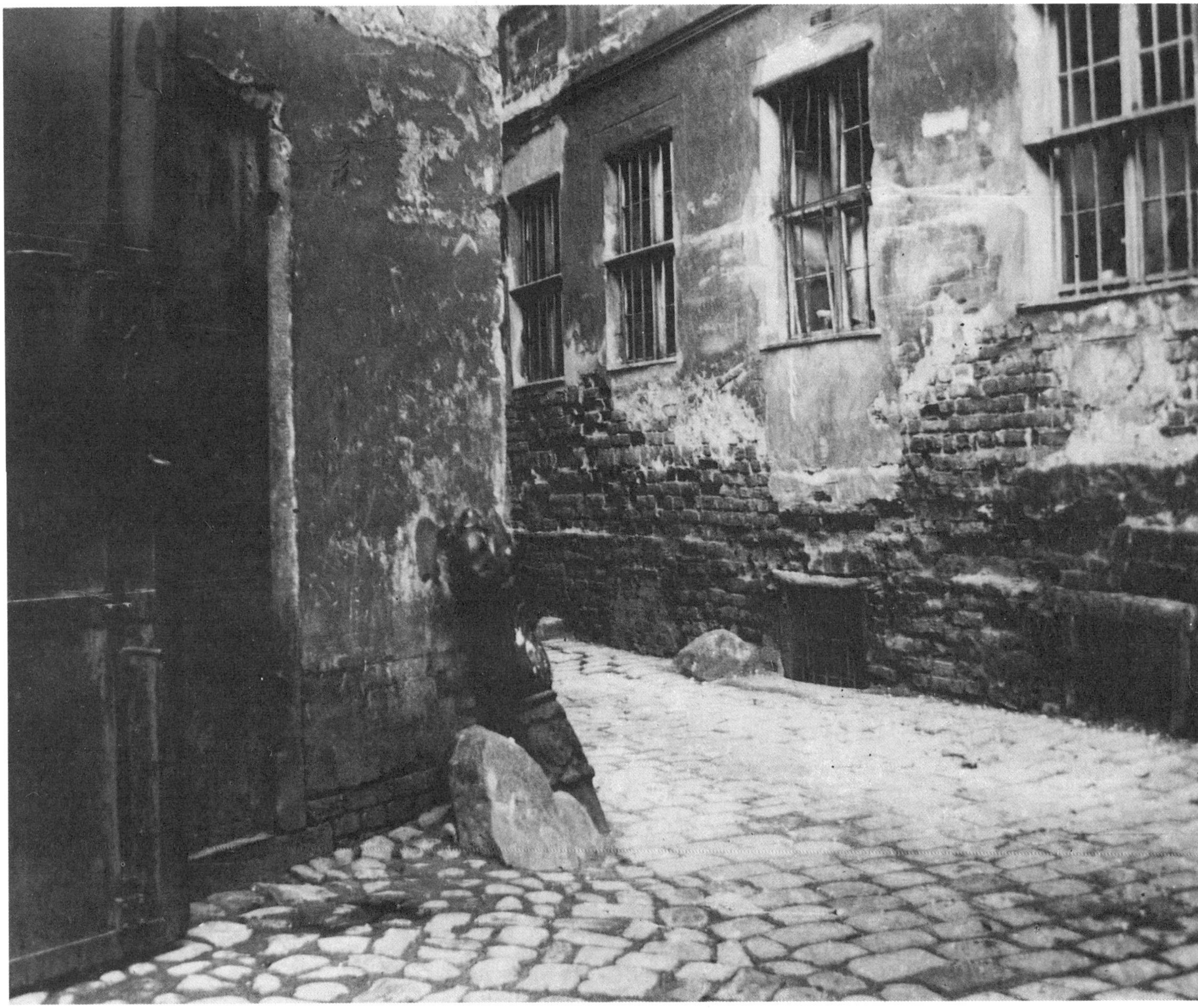

Mauer in der Krögelgasse, nicht datiert. 9 × 12 cm

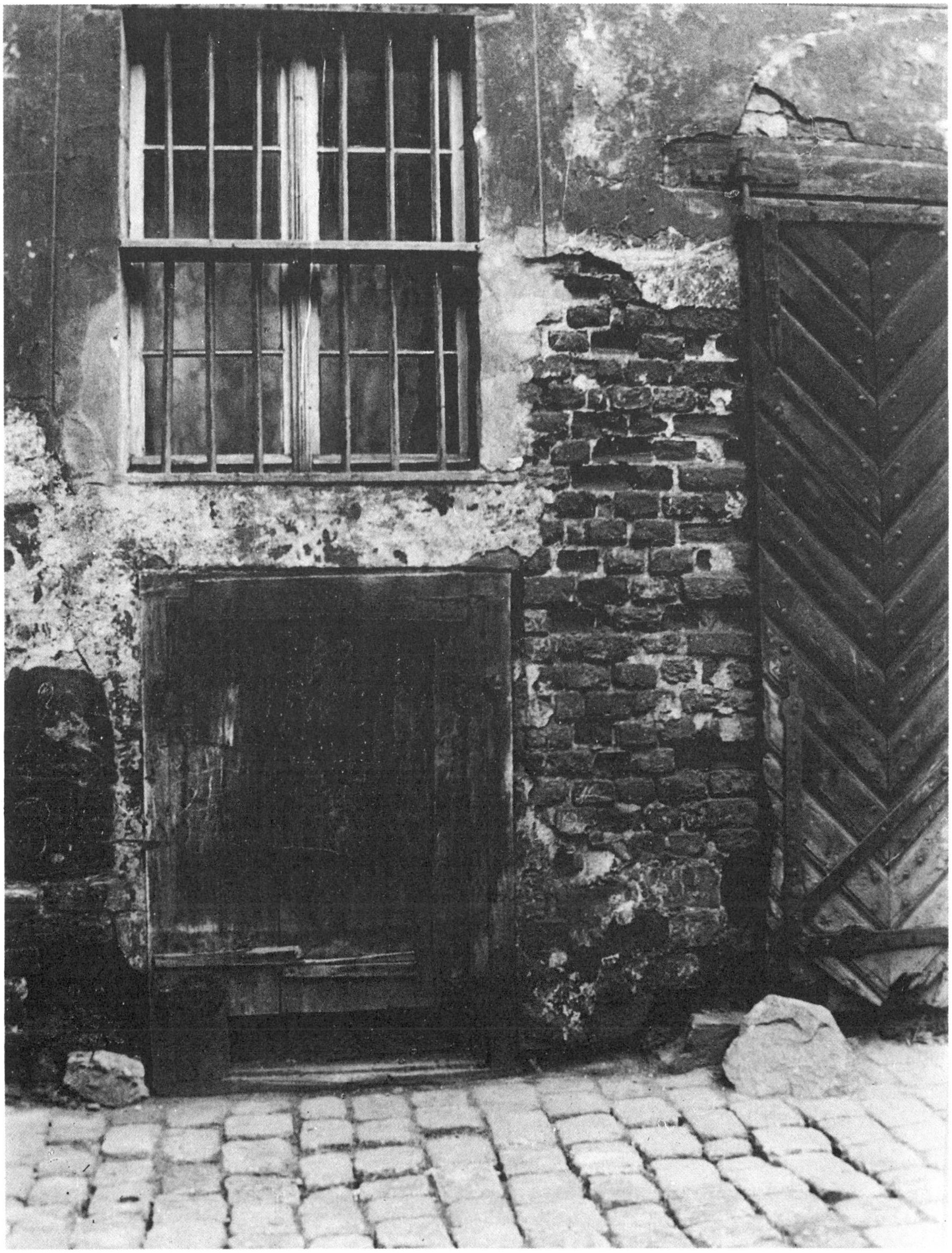

Mauer in der Krögelgasse, nicht datiert. 9 × 12 cm (?)

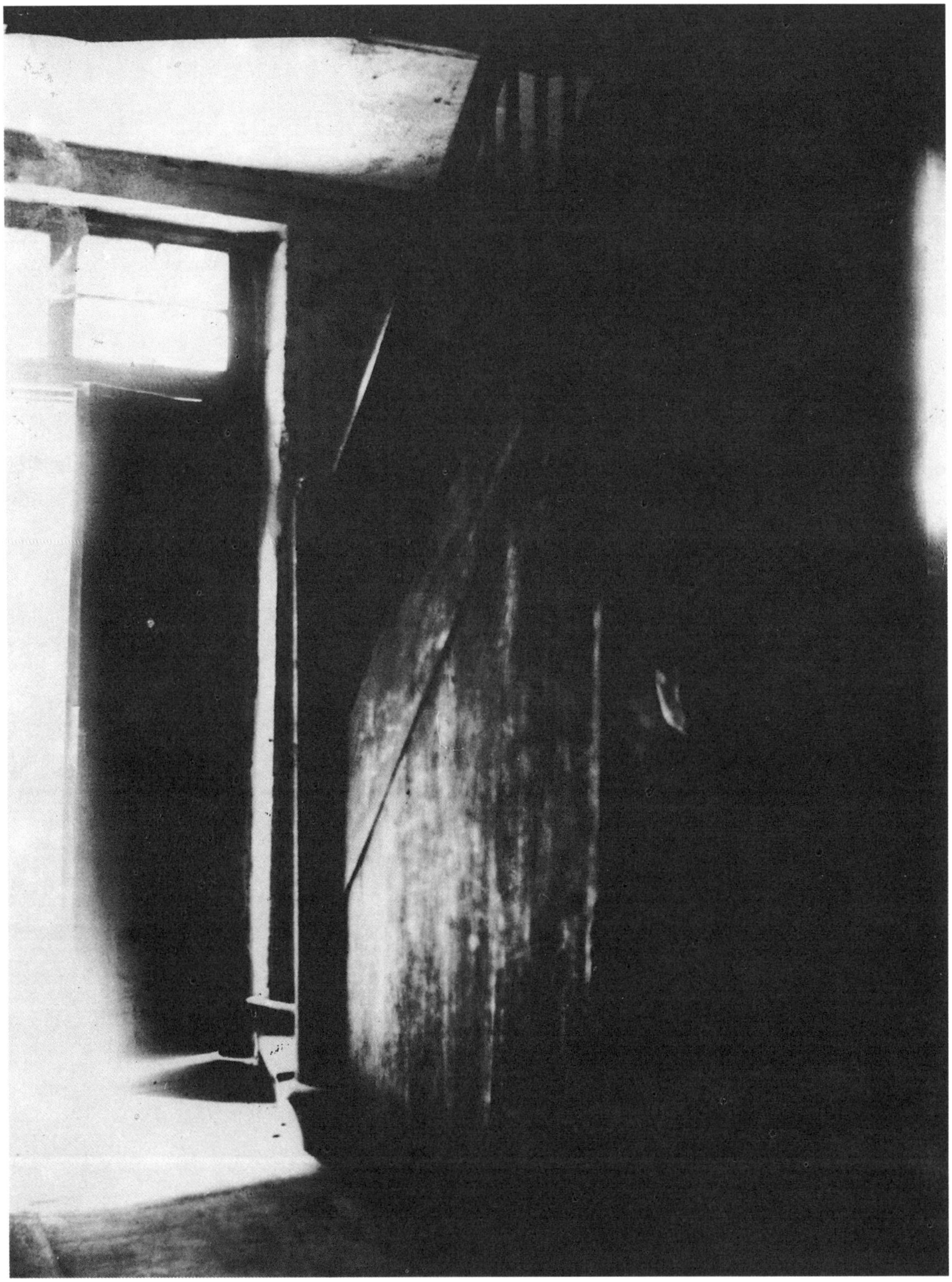

Hausdurchgang am Krögel, um 1890. 9 × 12 cm (?)

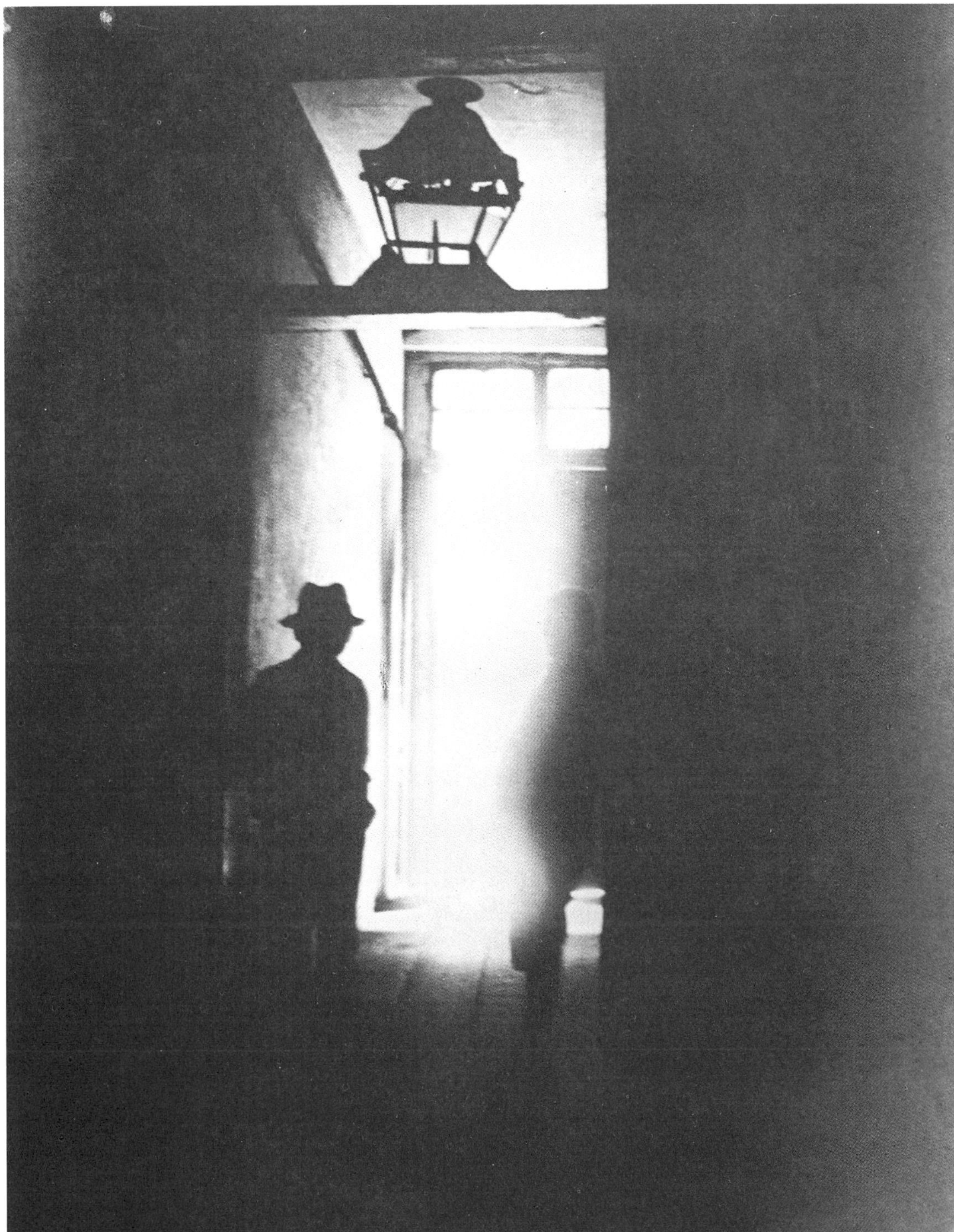

Hausdurchgang am Krögel, um 1890. Reproduktion

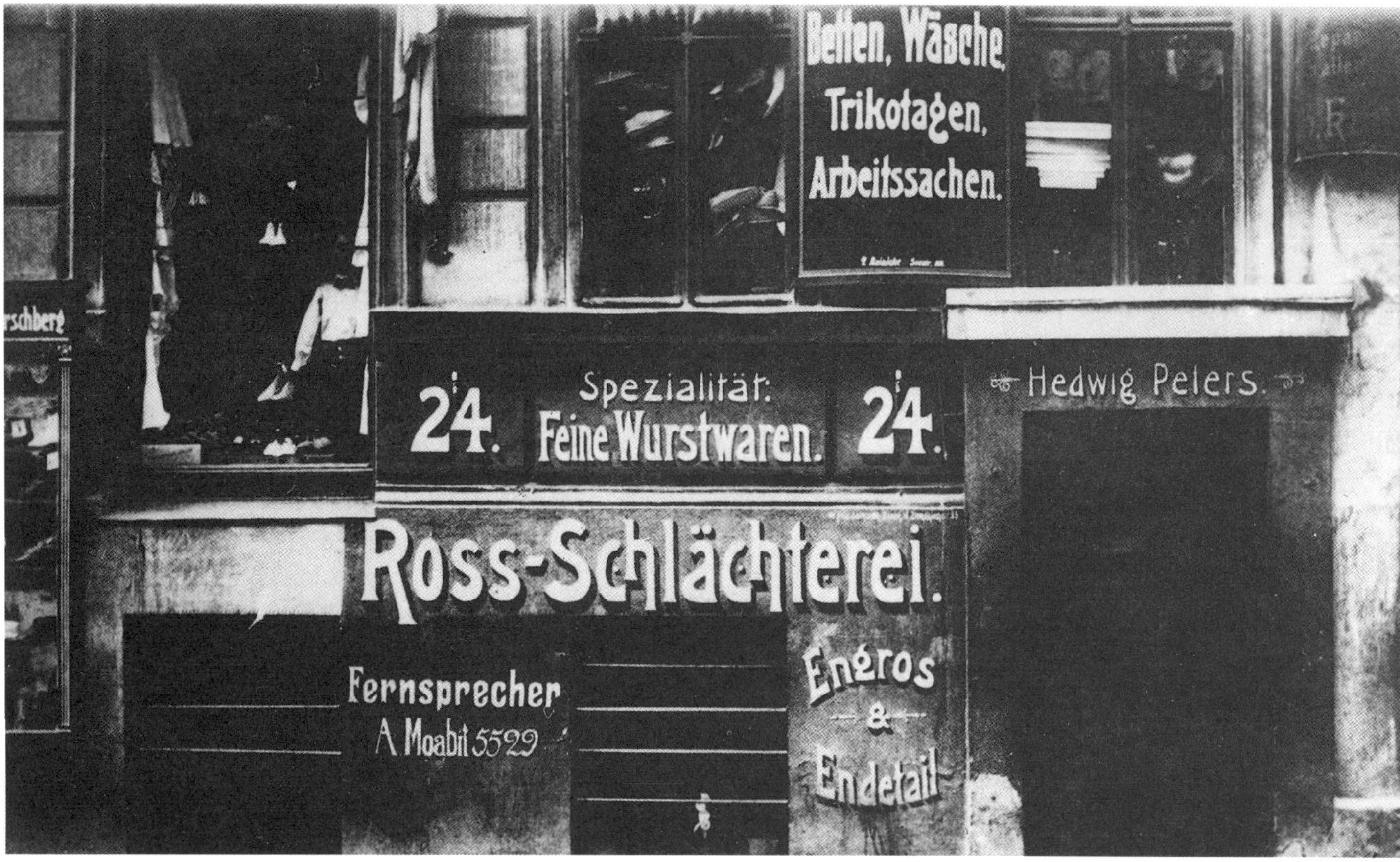

Ross-Schlächterei Hedwig Peters in Berlin-Wedding, Müllerstr. 24, um 1910. Reproduktion

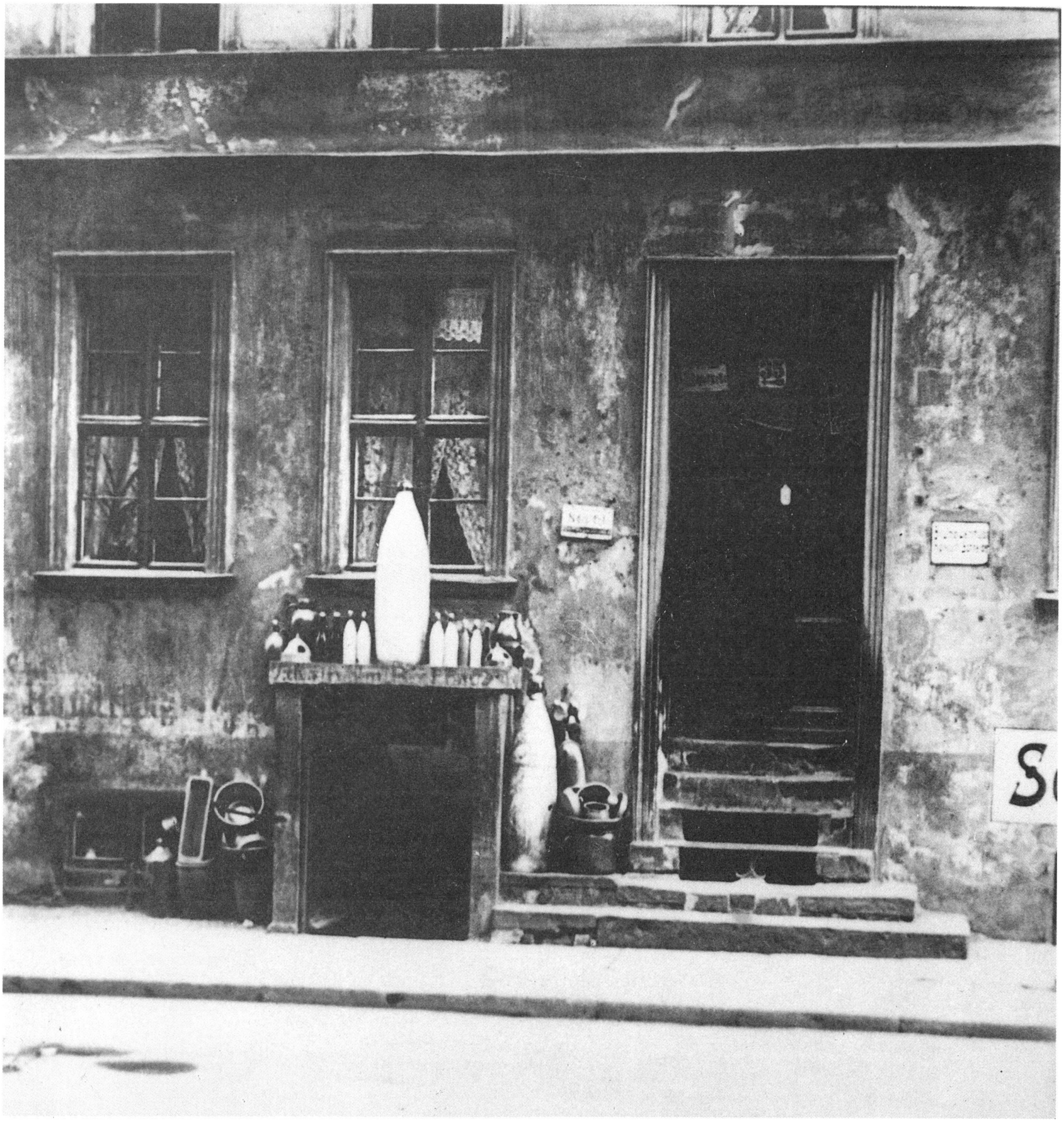

Bierkrukenhandlung »Toppkeller«, Berlin, Wallstr. 35, vor 1910. Reproduktion

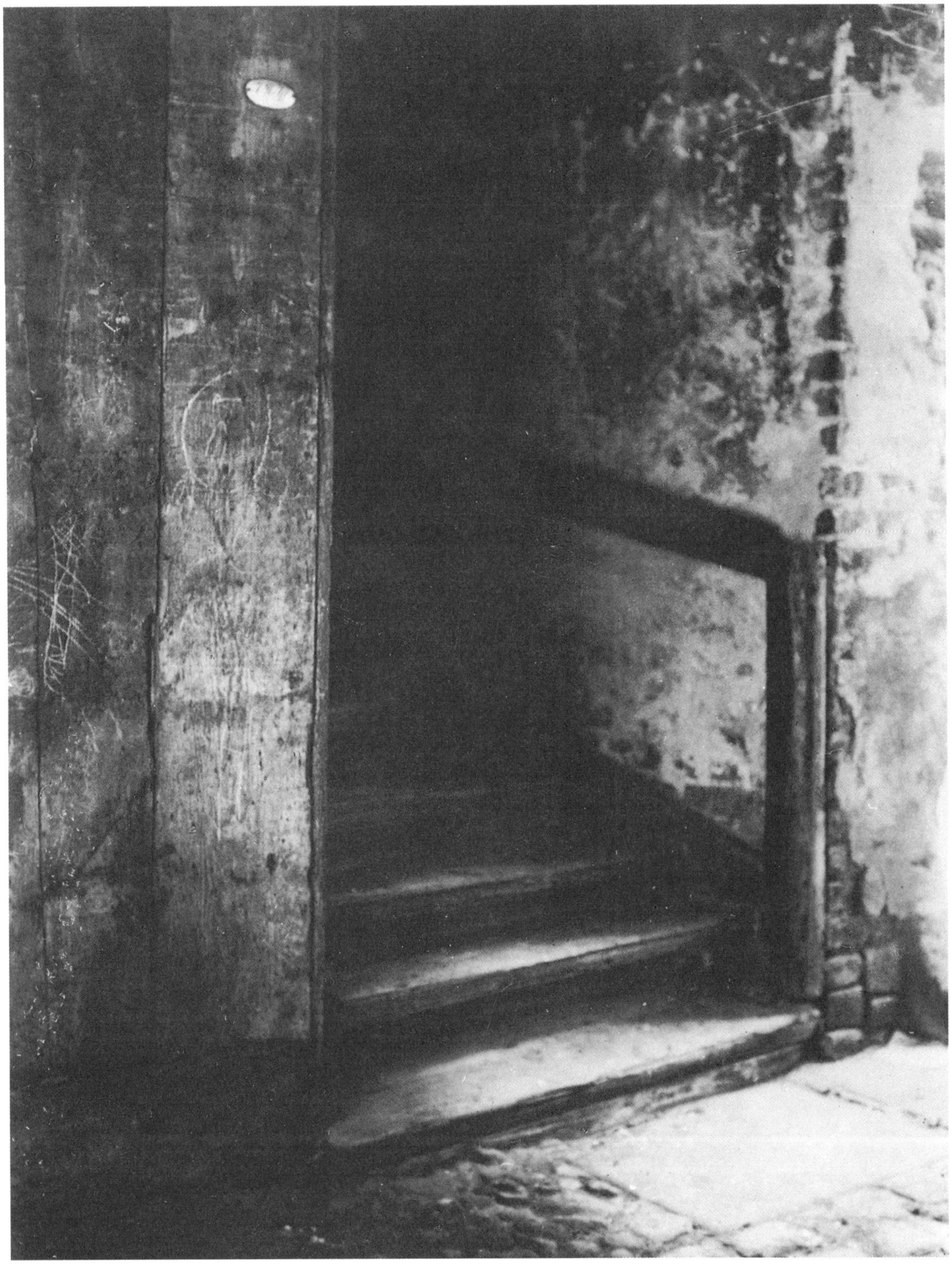

Hauseingang am Krögel (?), nicht datiert. 13 × 18 cm

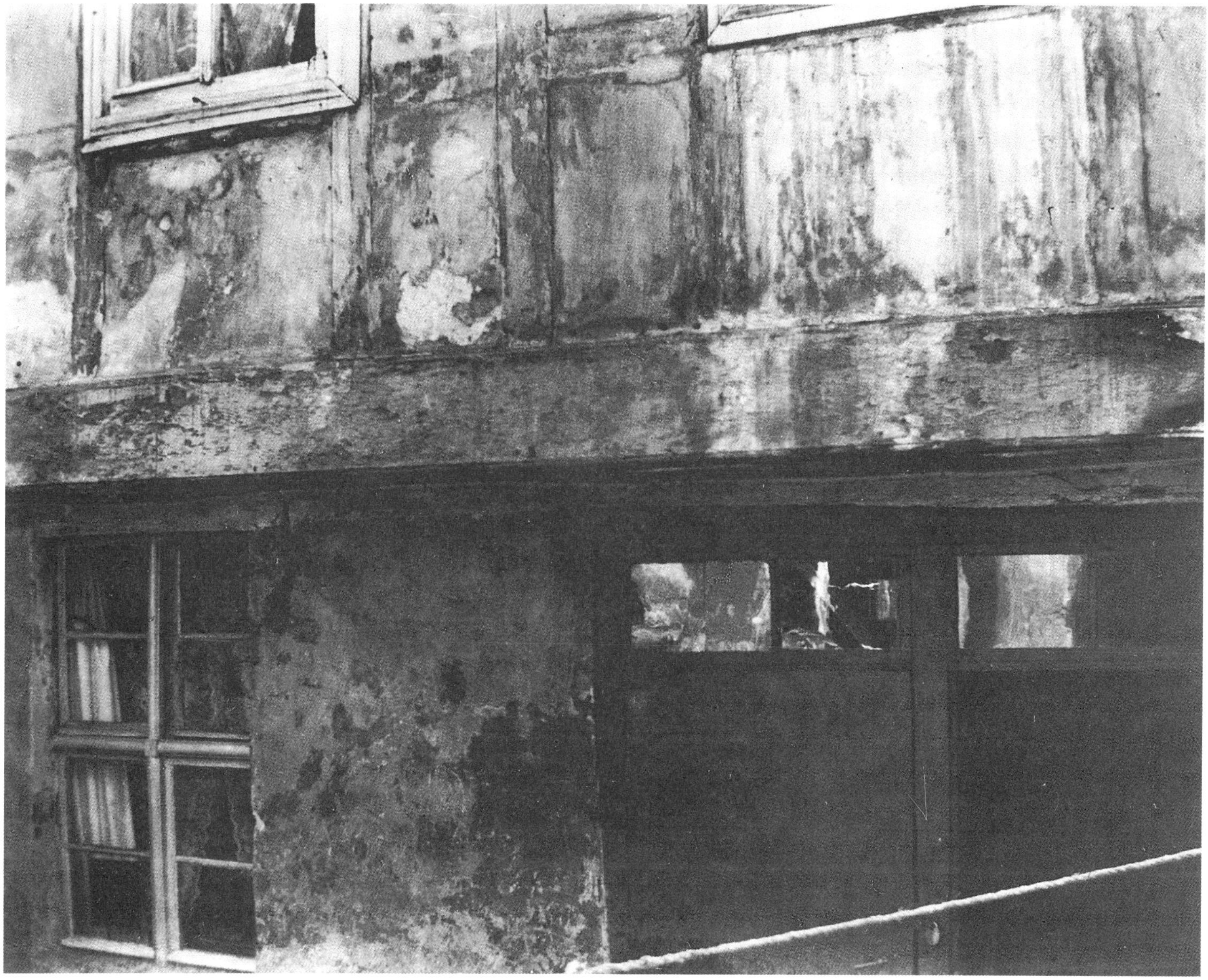

Hauseingang am Krögel (?), nicht datiert. 13 × 18 cm

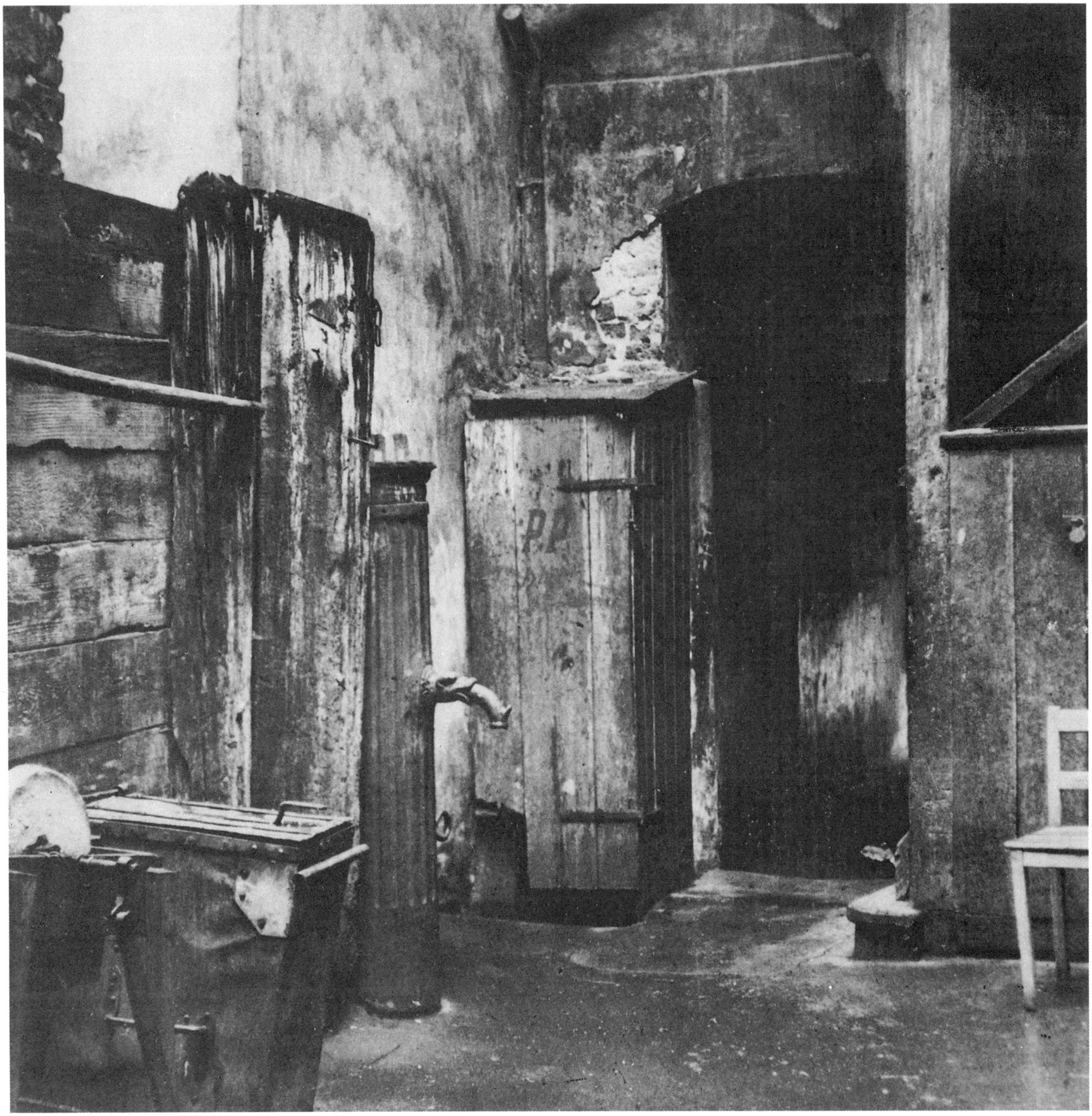

Hof mit Pumpe und Abort, nicht datiert. Reproduktion

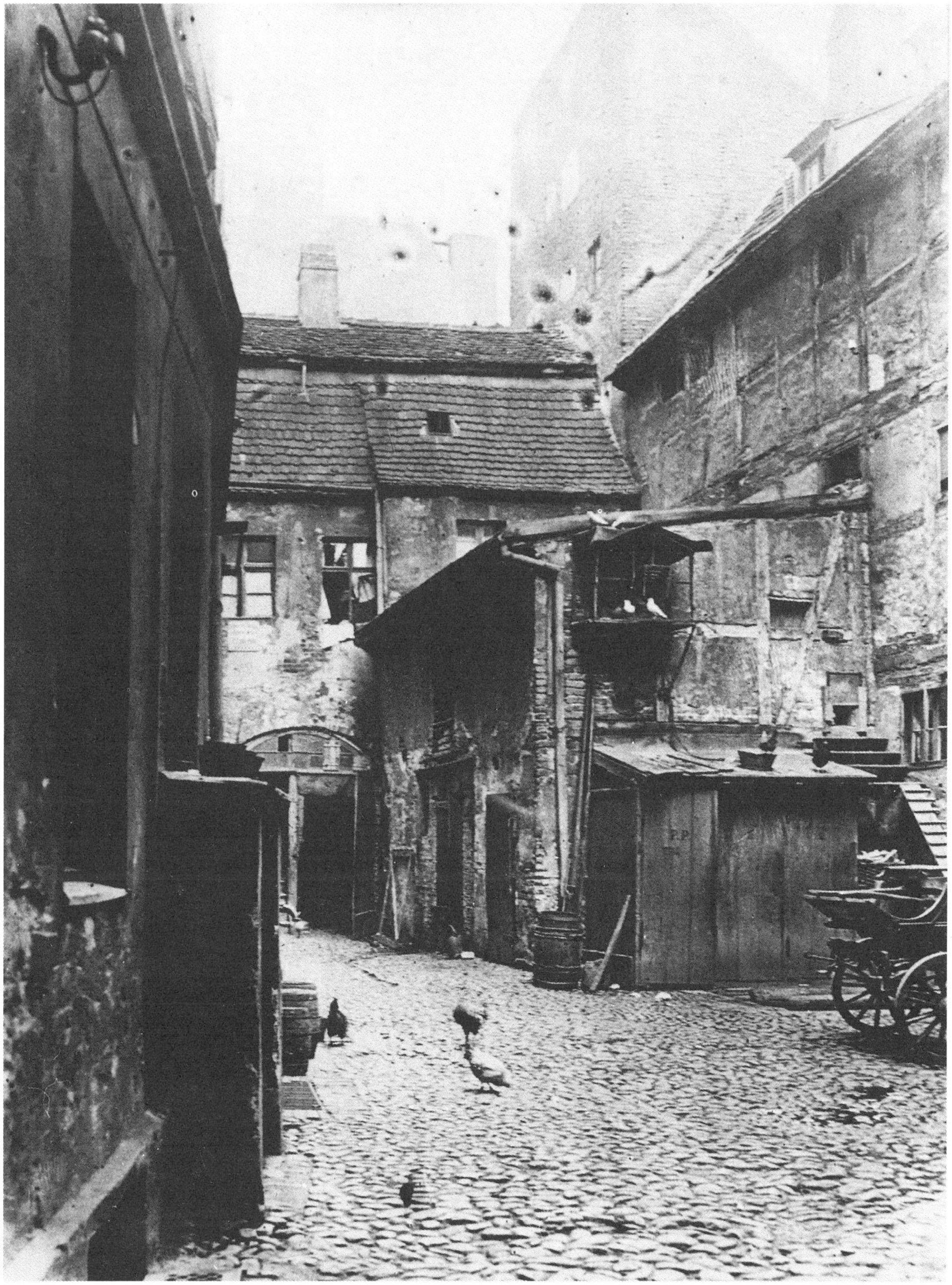

Hofansicht des »Ruppiner Hofs«, Berlin, Spandauer Straße 79, nicht datiert

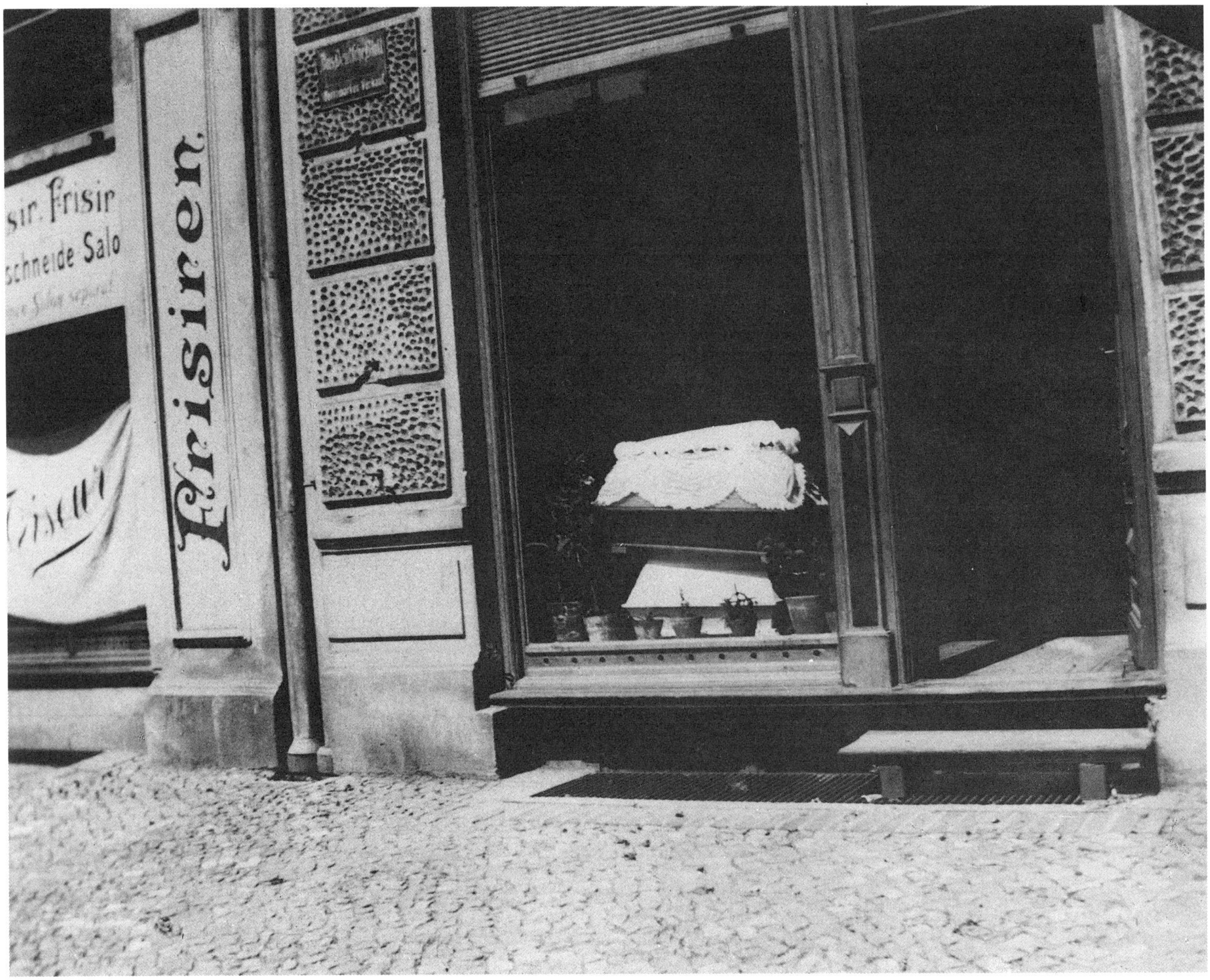

Sargmagazin »Thanatos« (?) Berlin, Holzmarktstraße 45, nicht datiert. 9 × 12 cm

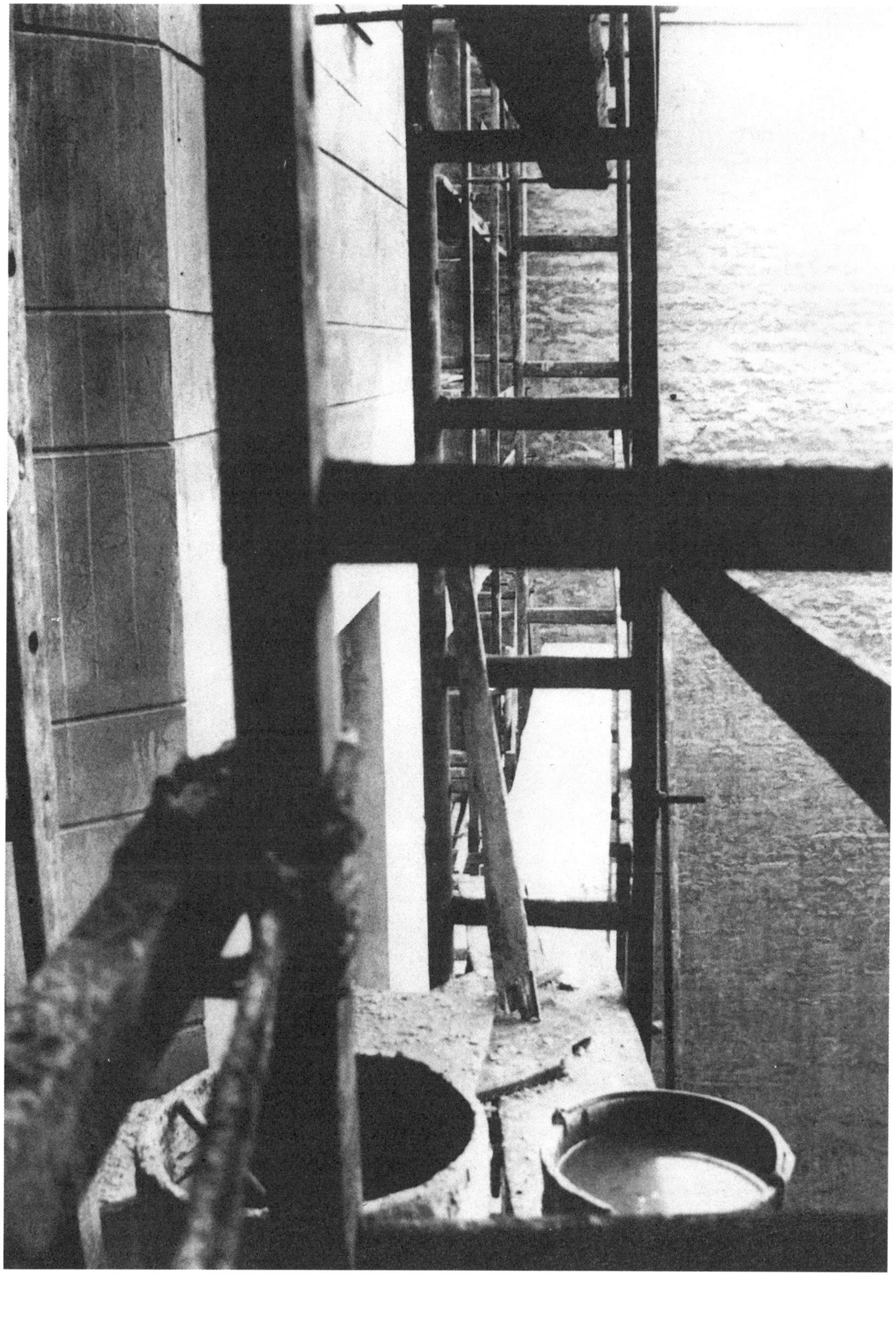

Putzgerüste im Hof des Charlottenburger Wohnhauses, nicht datiert. 9 × 12 cm

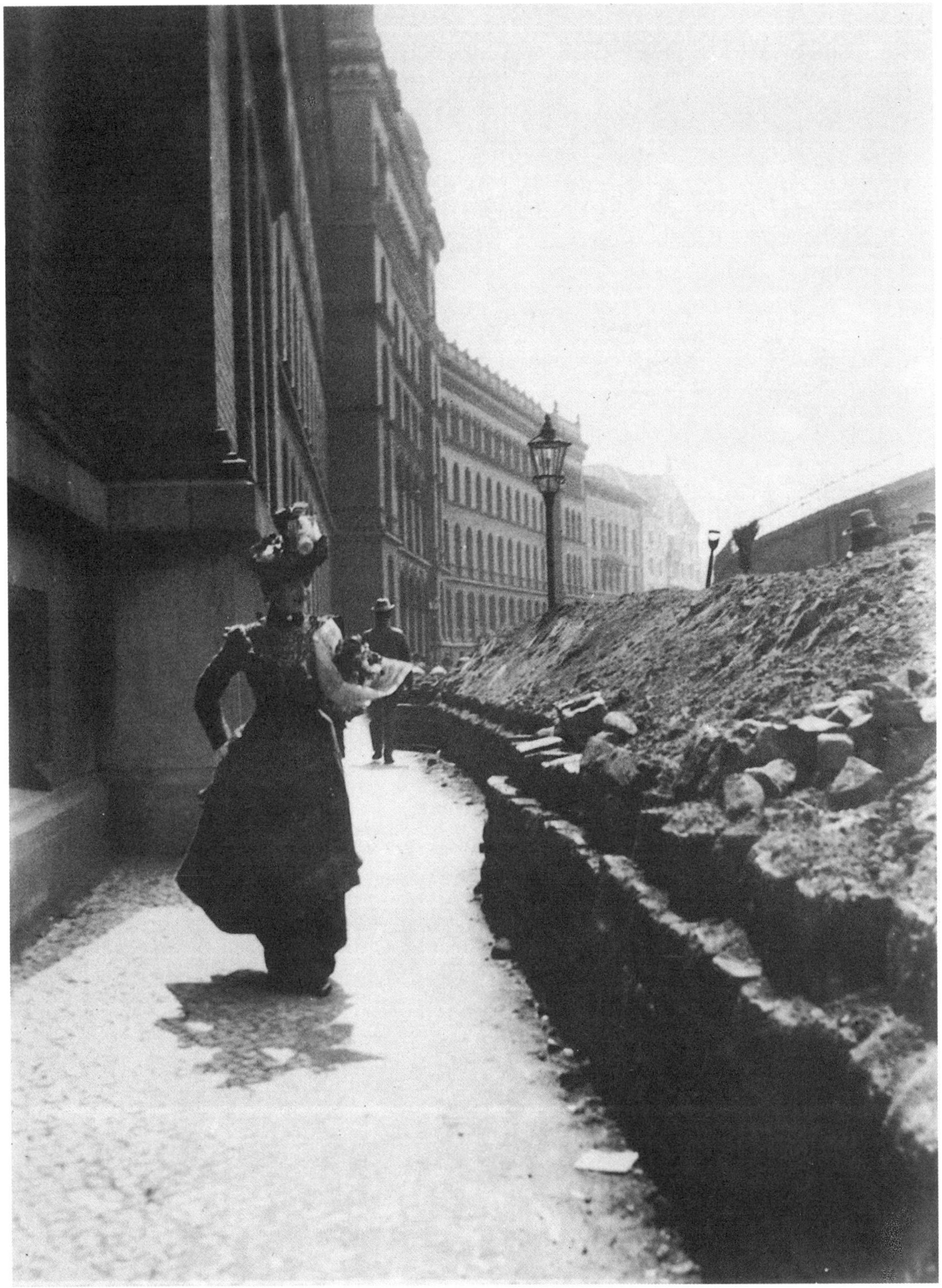

Vor dem Polizeipräsidium, nicht datiert. 9 × 12 cm

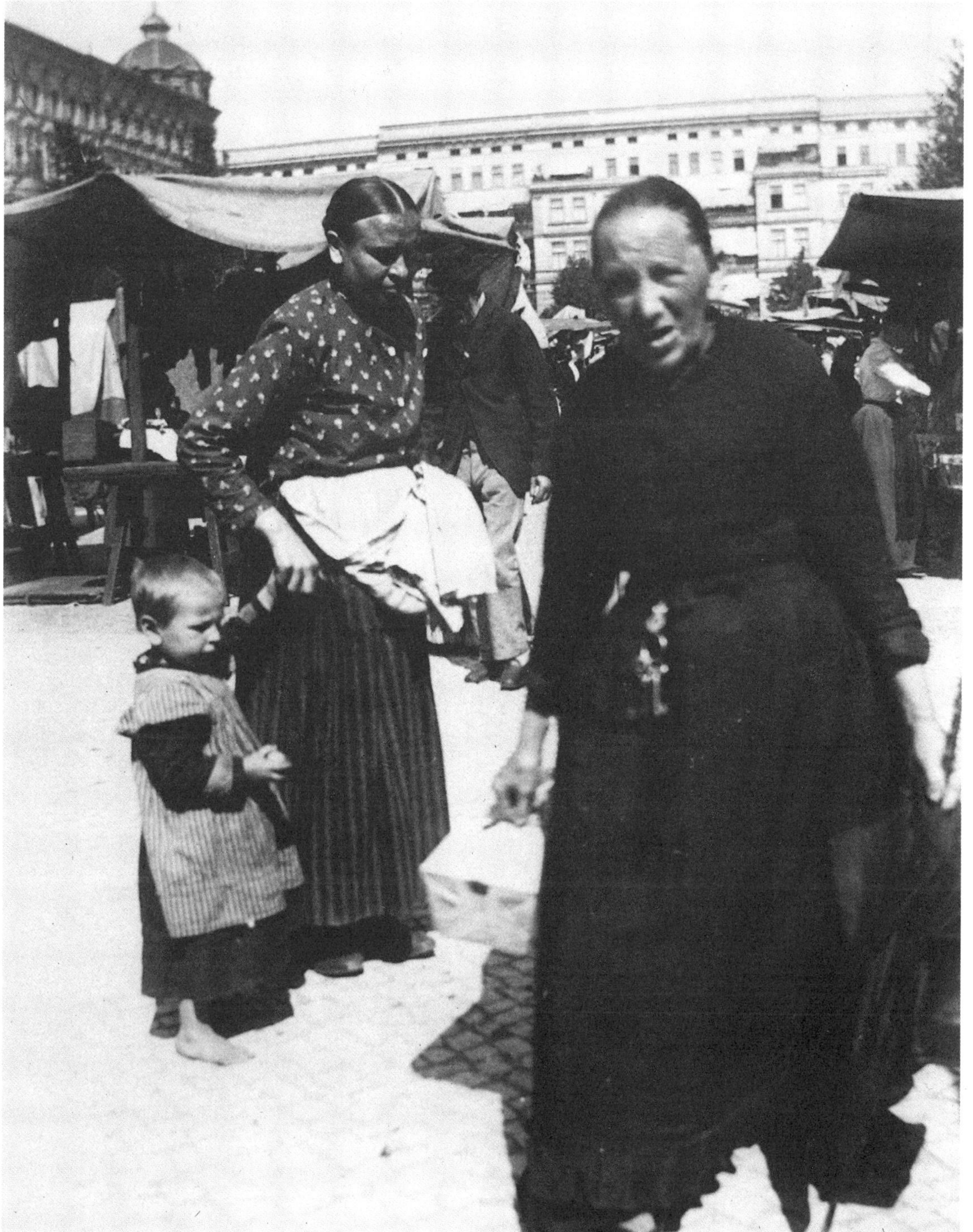

Charlottenburg, Markt auf dem Friedrich-Karl-Platz, um 1900. 9 × 12 cm

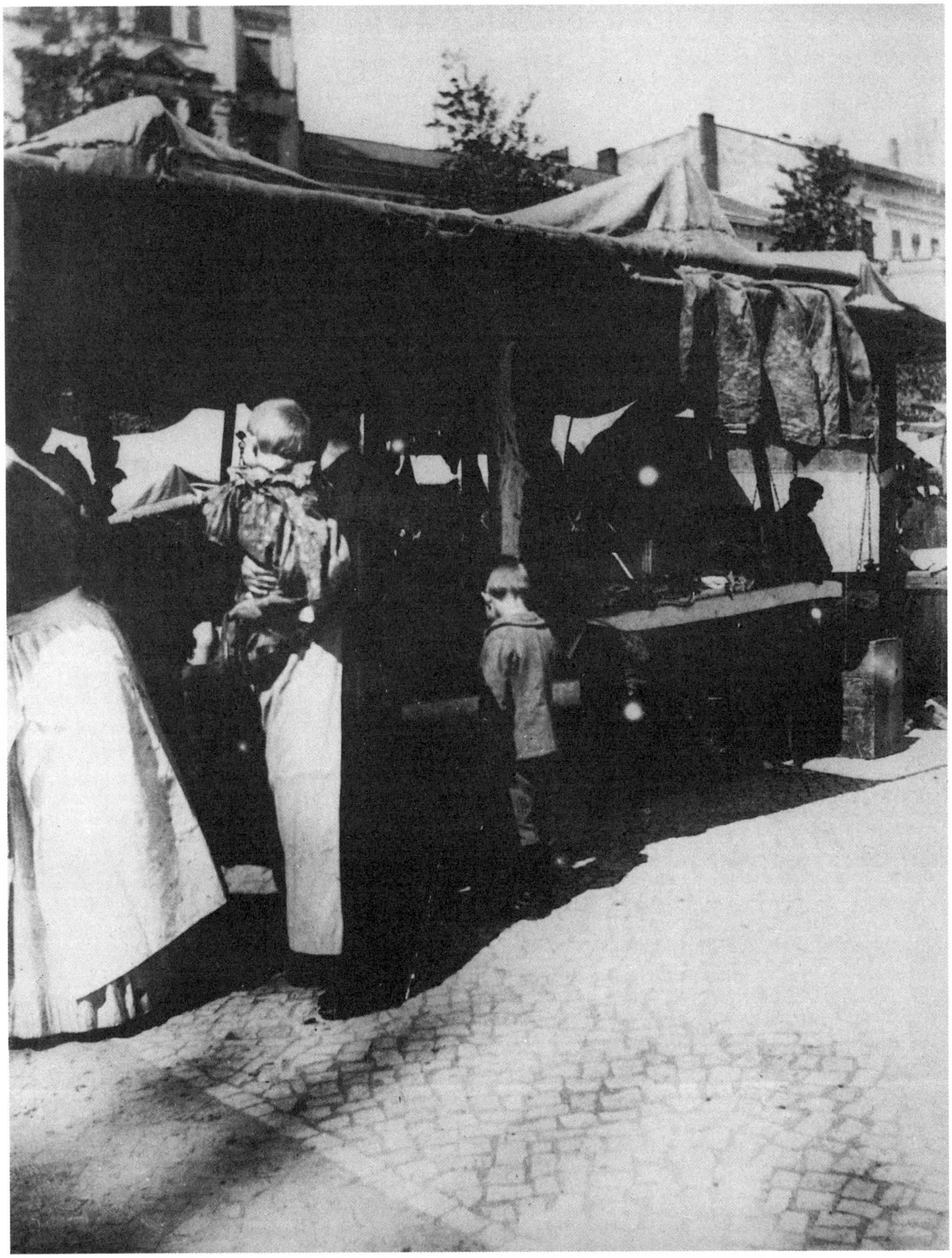

Charlottenburg, Markt auf dem Friedrich-Karl-Platz, um 1900. 9 × 12 cm (?)

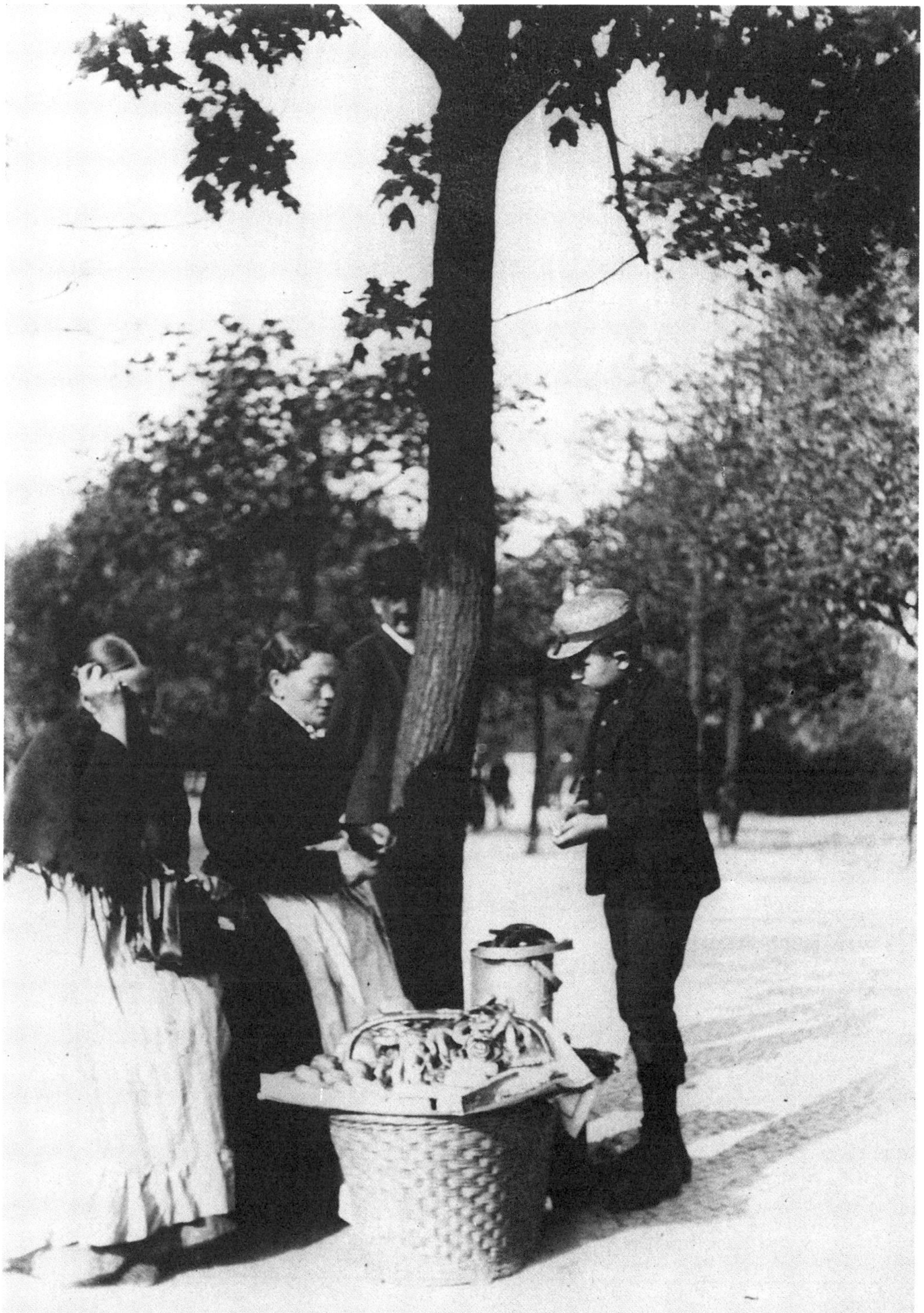

Straßenverkäuferin mit Zilles Sohn Hans, um 1897

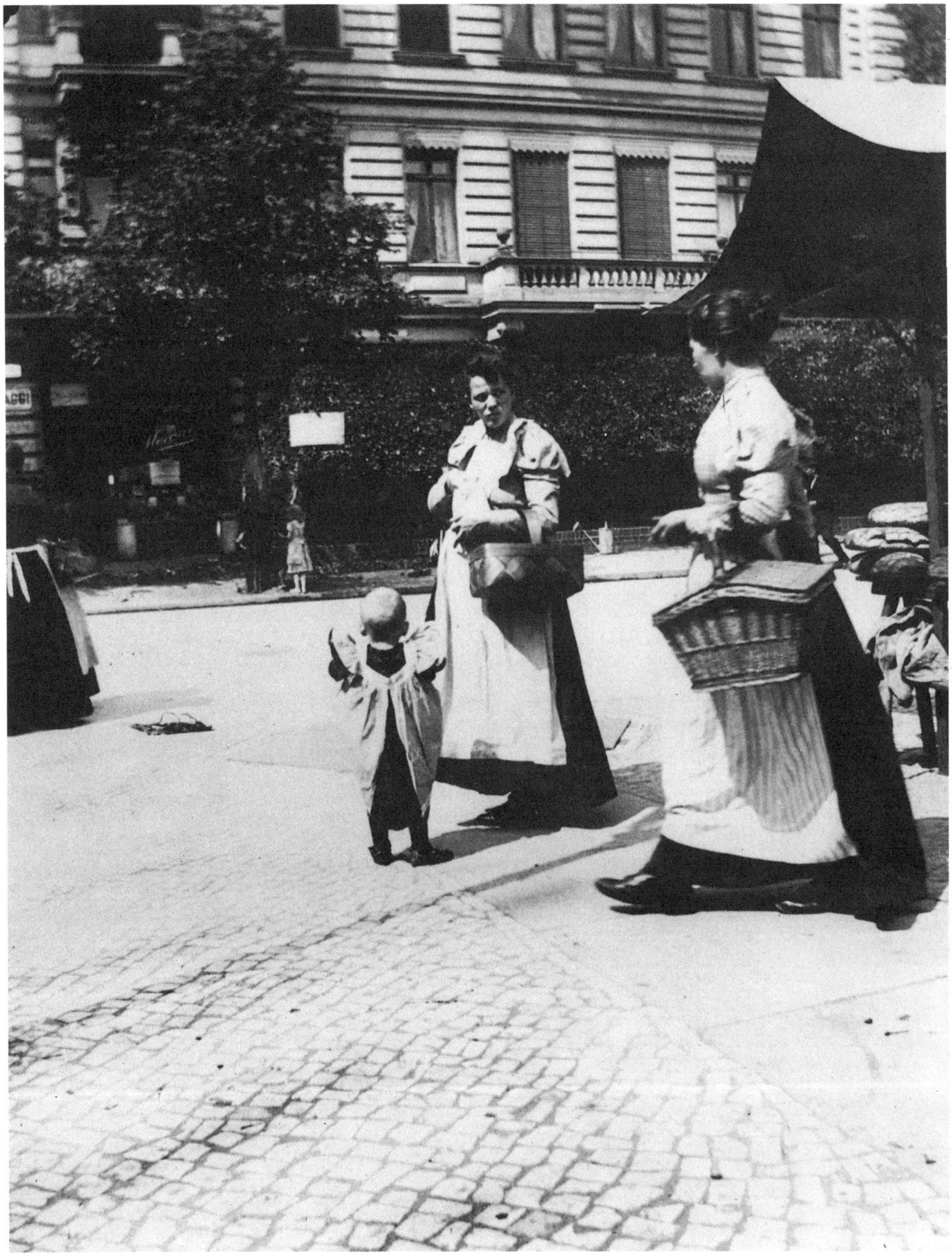

Charlottenburg, Markt auf dem Friedrich-Karl-Platz, um 1900. 9 × 12 cm

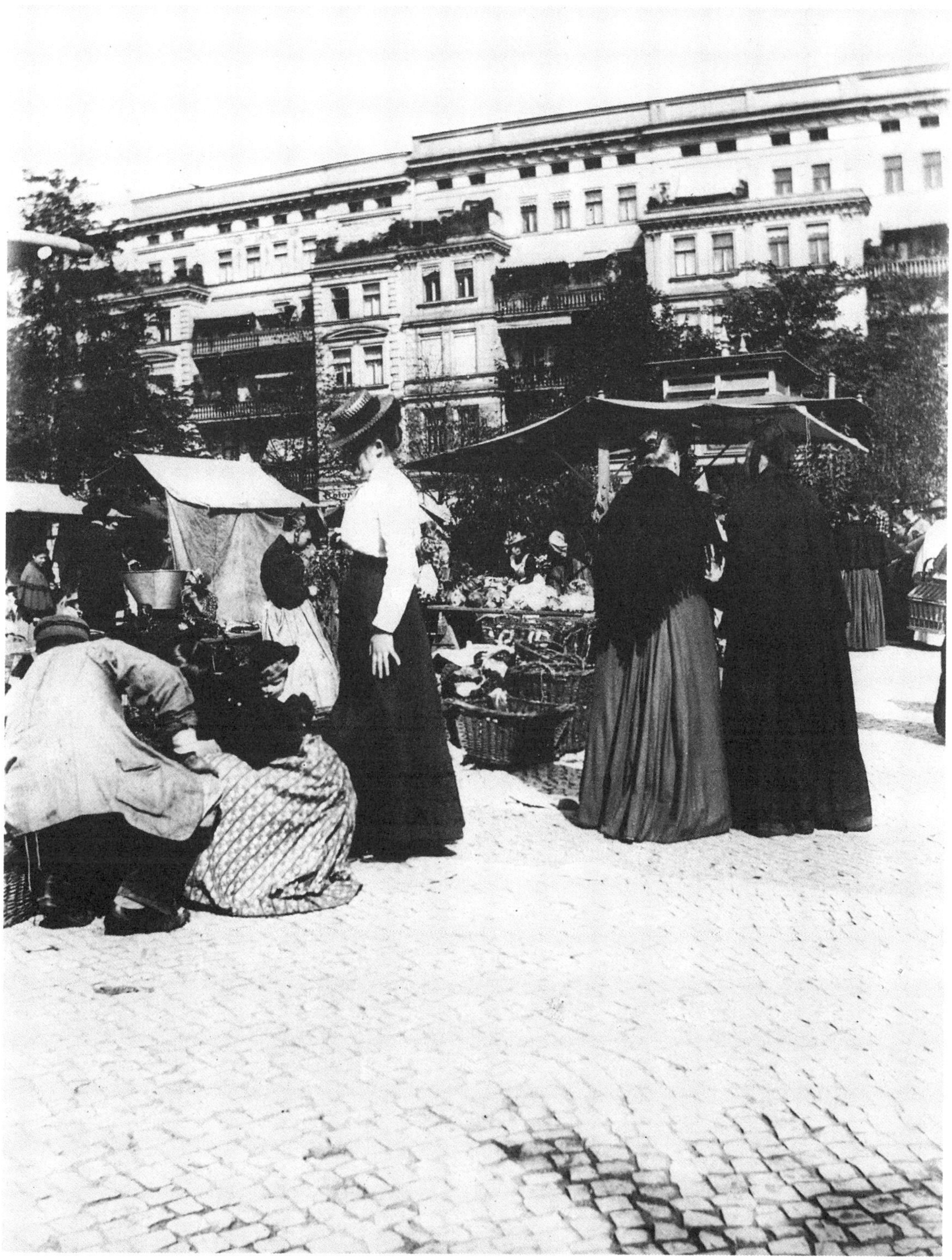

gleiches Motiv, um 1900. 9 × 12 cm

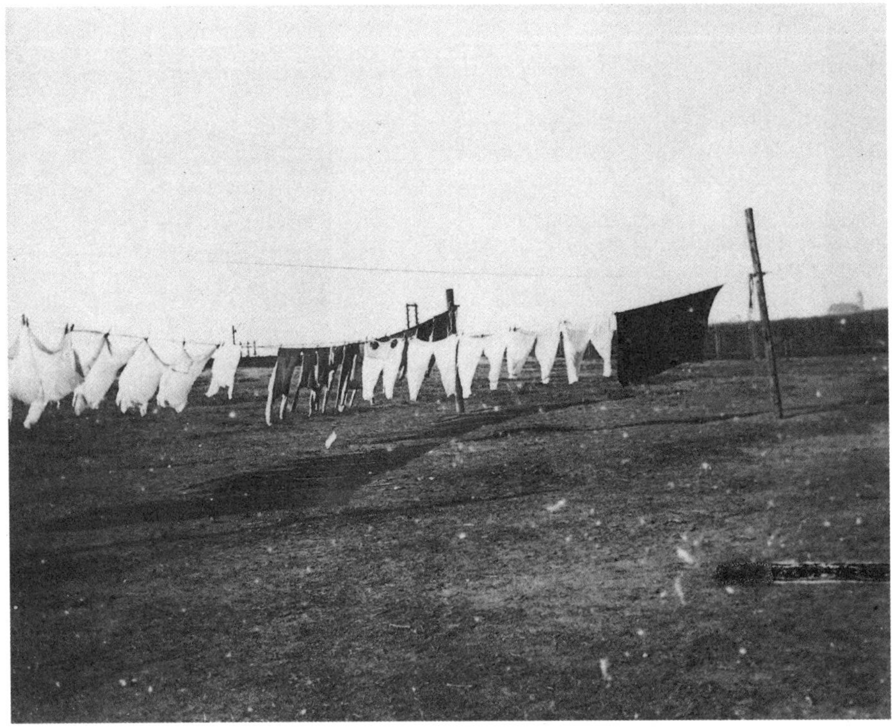

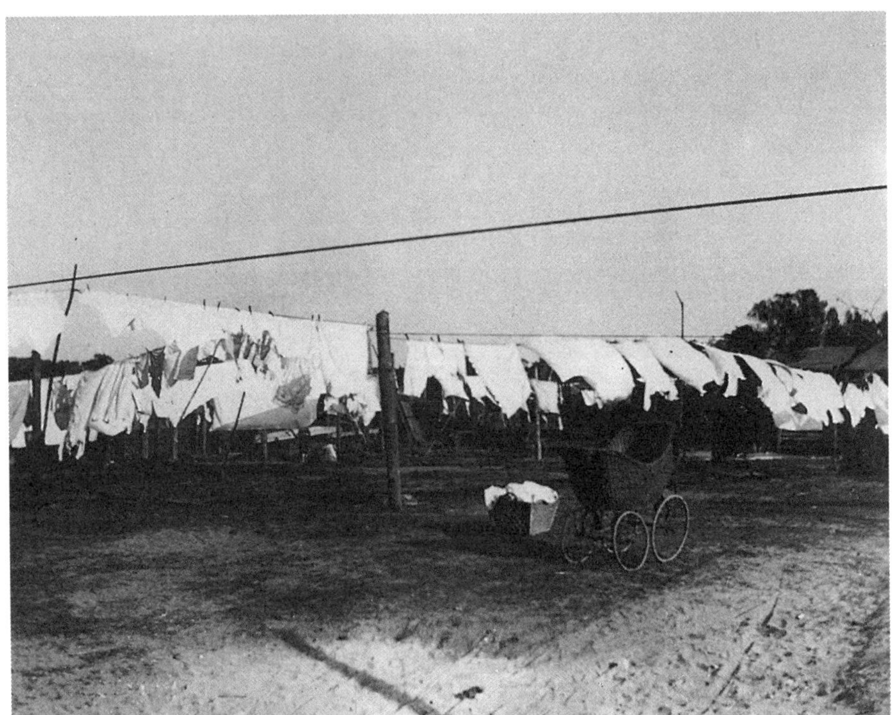

Wäschetrockenplatz in Charlottenburg, Sophie-Charlotten-Straße, um 1900. 9 × 12cm (?) *um 1900. 9 × 12 cm (?)*

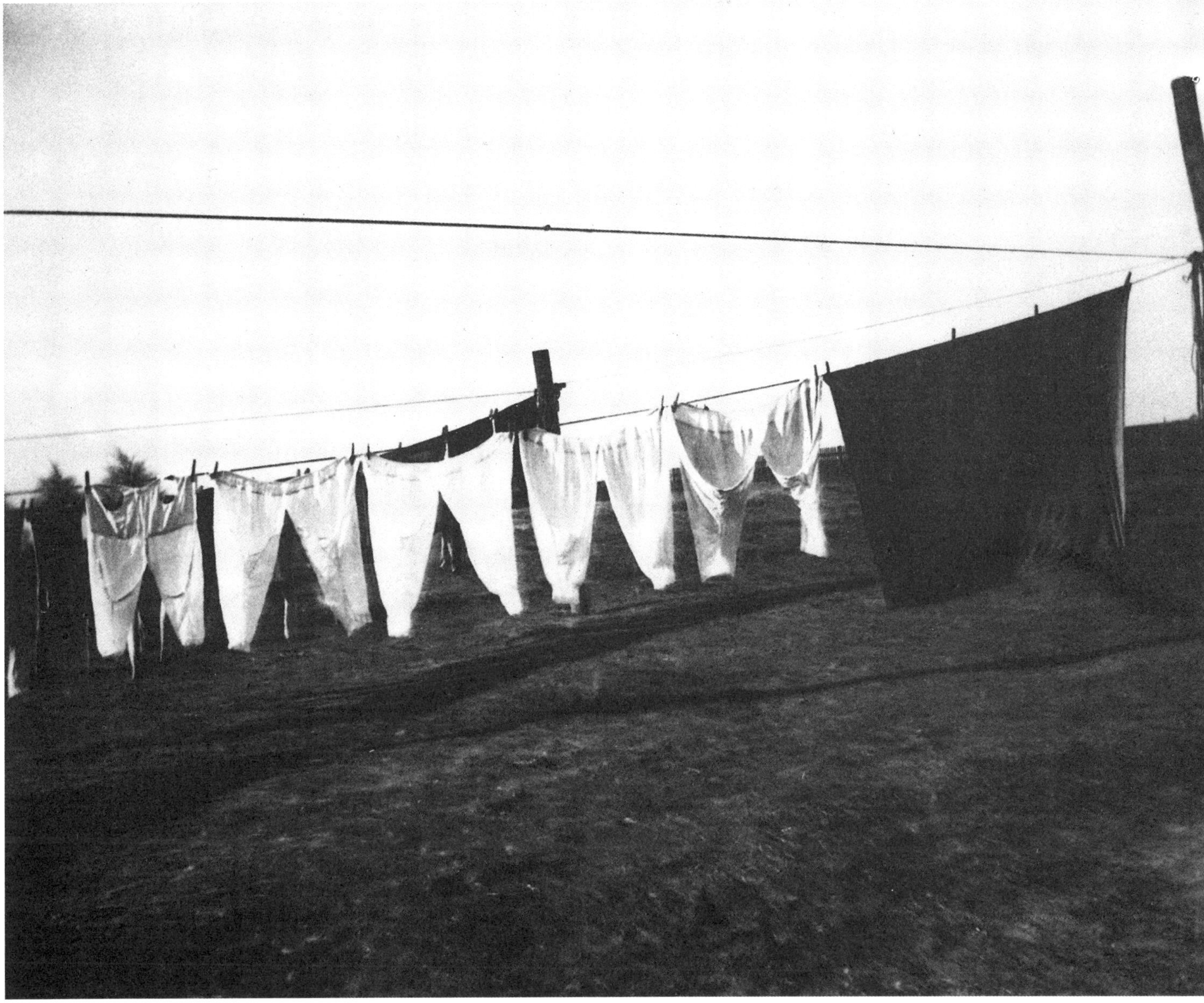

um 1900. 9 × 12 cm

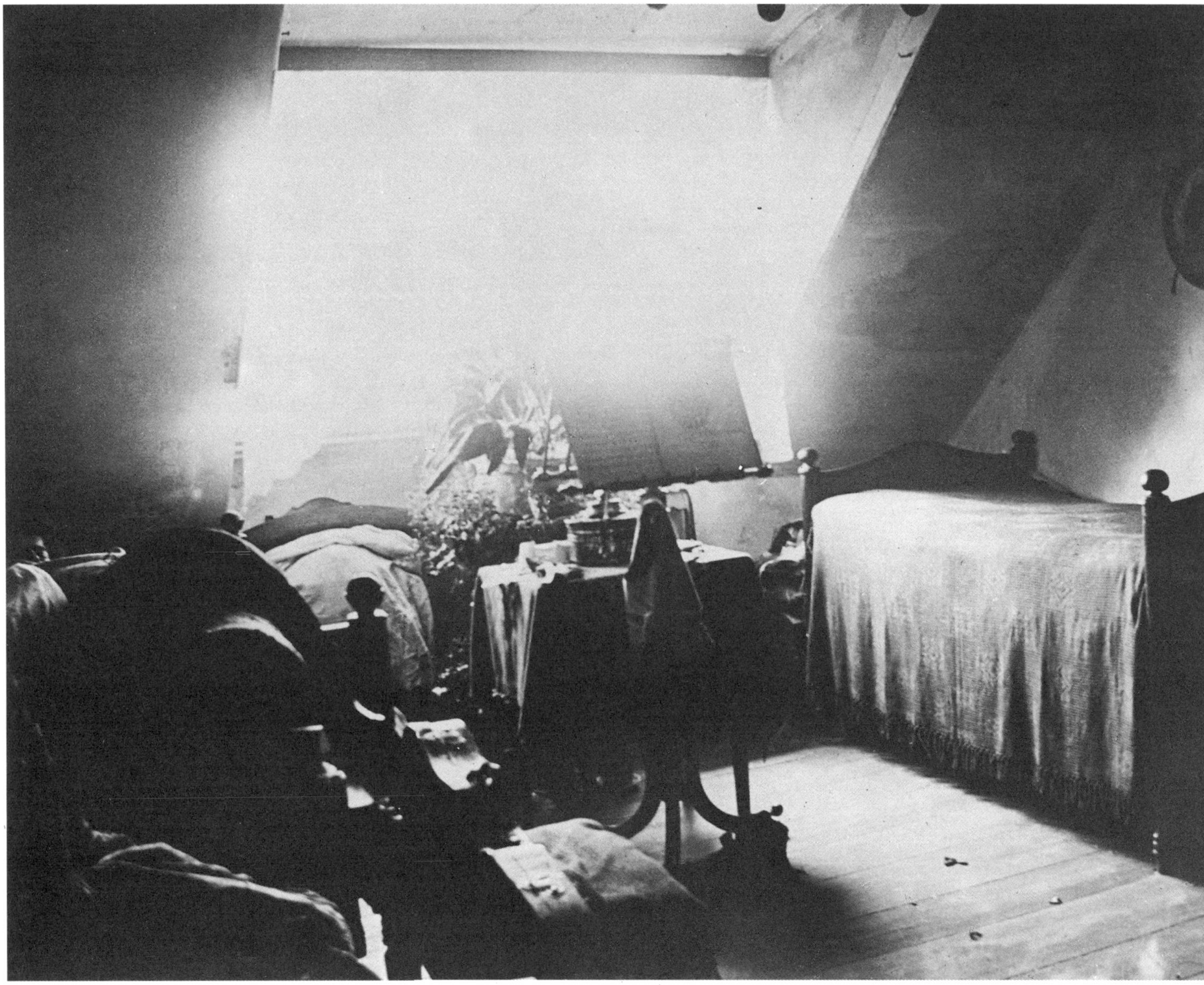

Dachkammer eines Musikers, nicht datiert

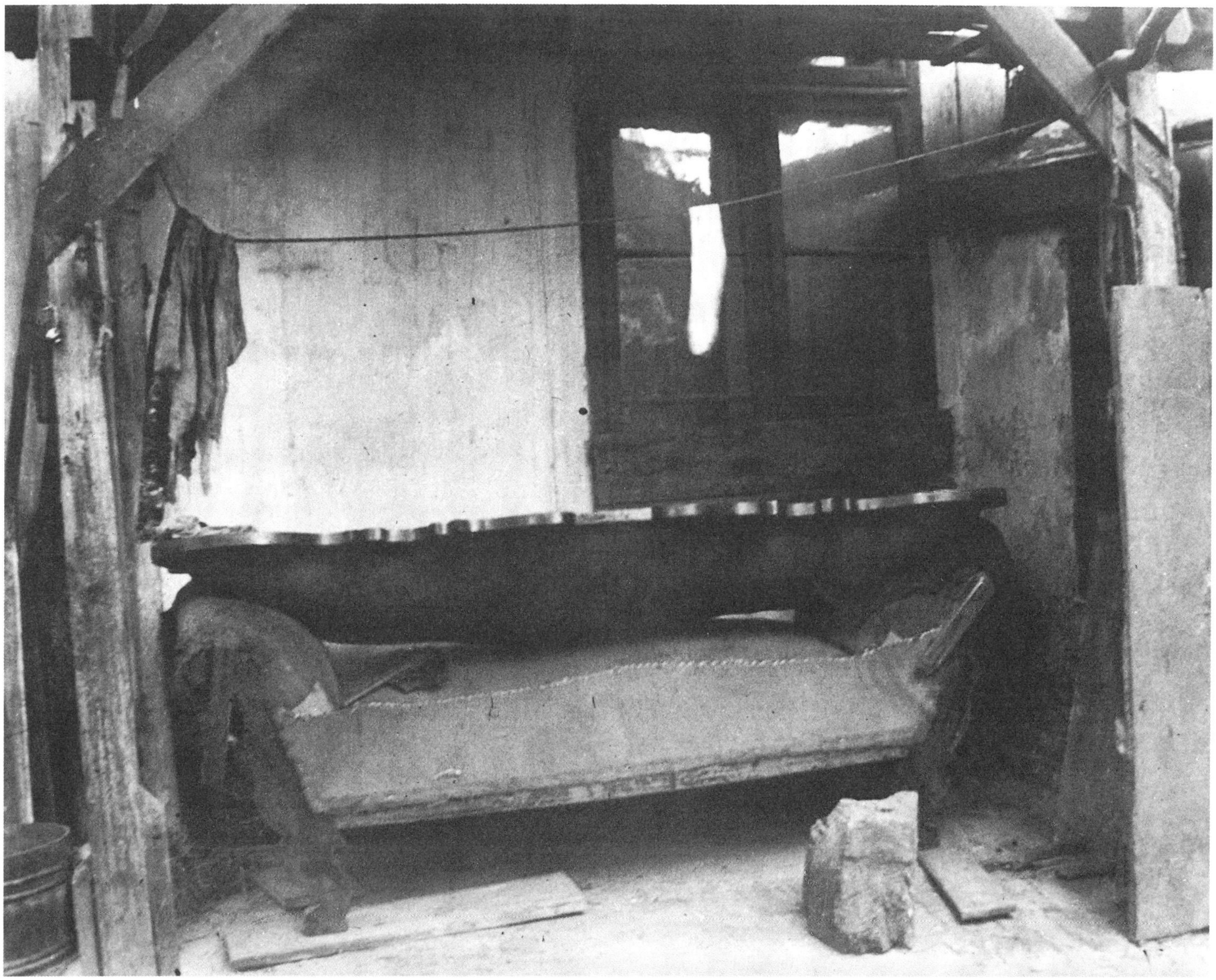

Sofa hinter dem Haus der Eltern in Rummelsburg, nicht datiert. 9 × 12cm

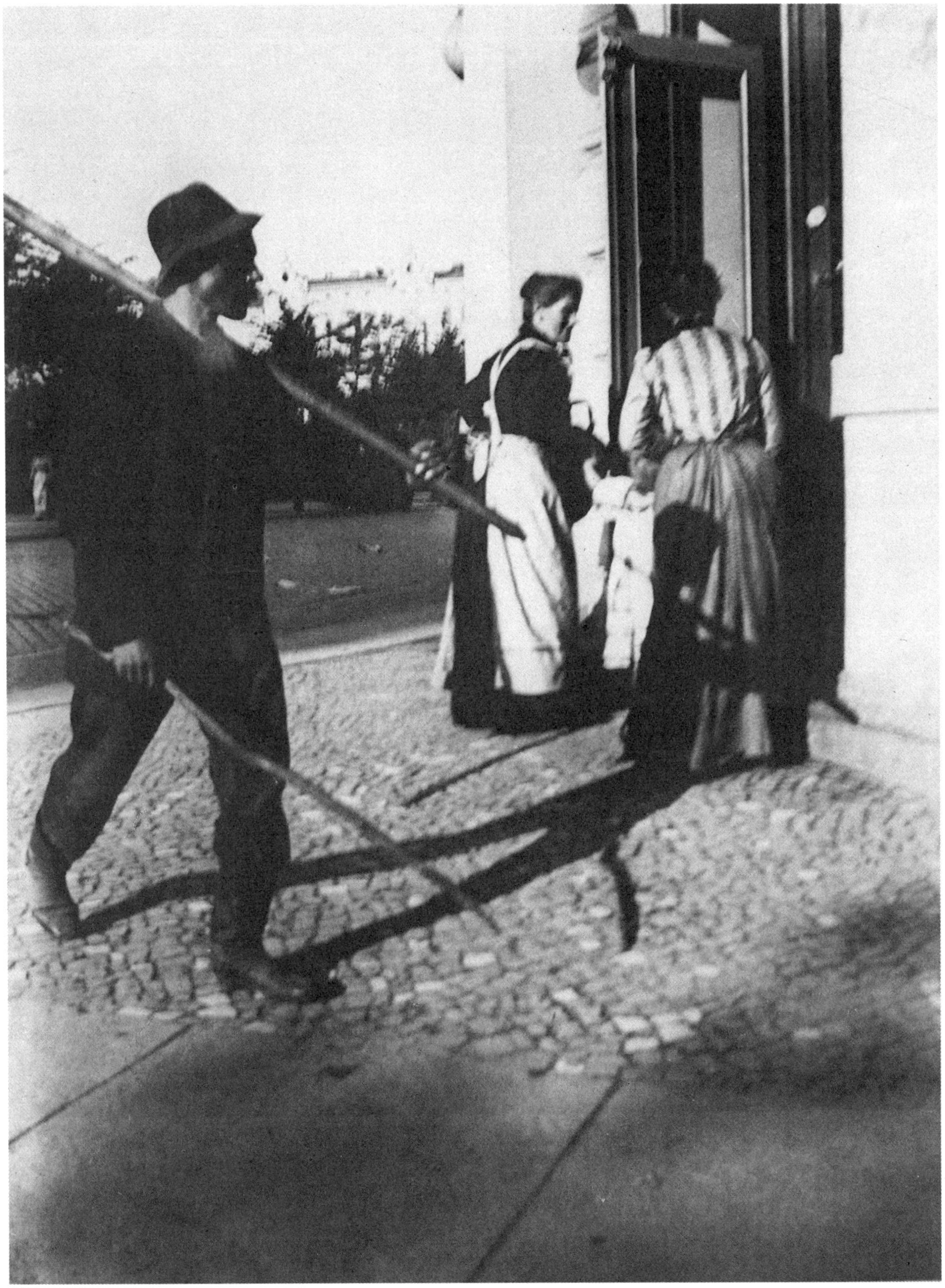

Mann mit einer Stange über der Schulter, nicht datiert

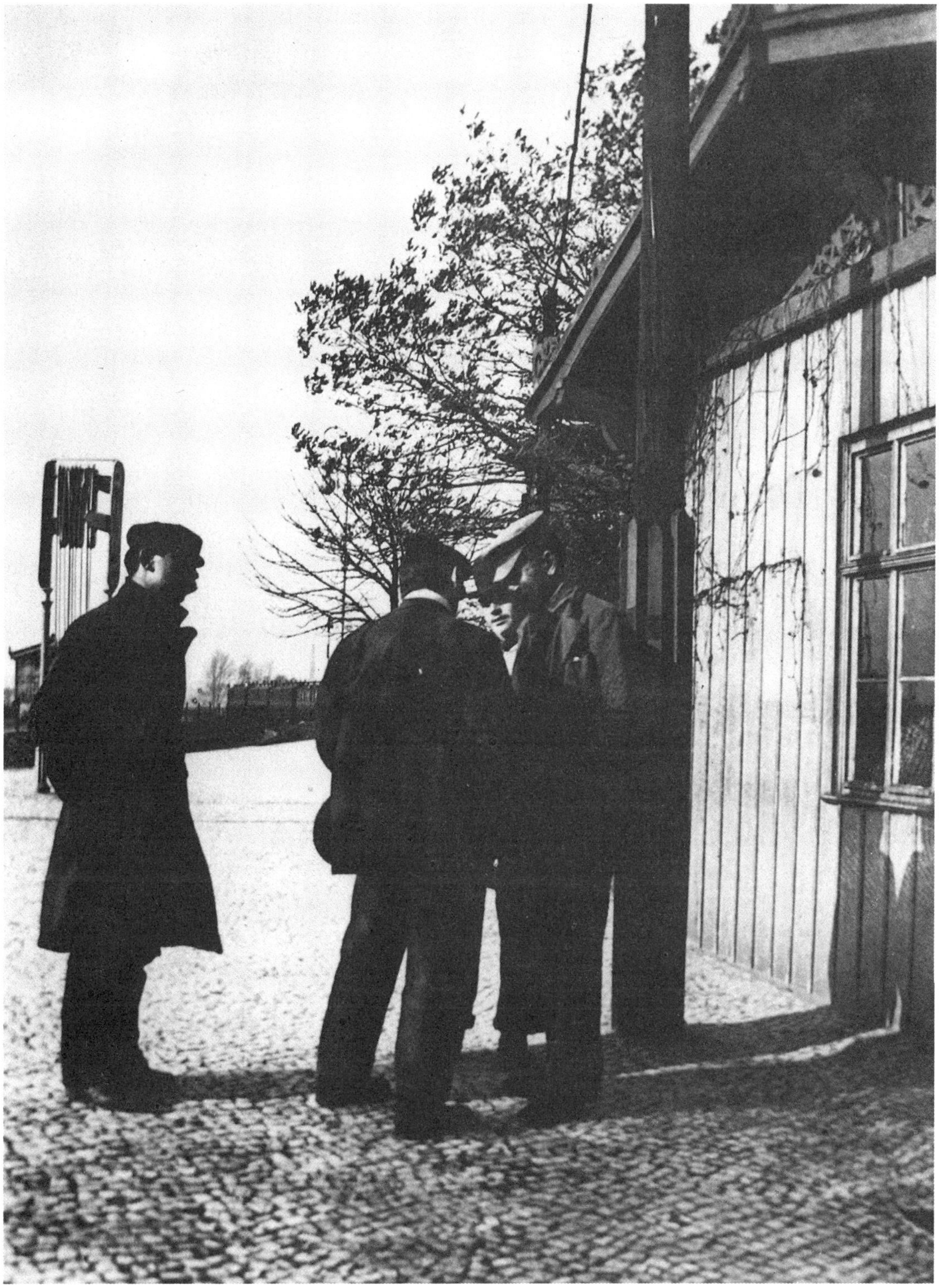

Arbeiter auf einem Ringbahnhof, nicht datiert. 9 × 12 cm

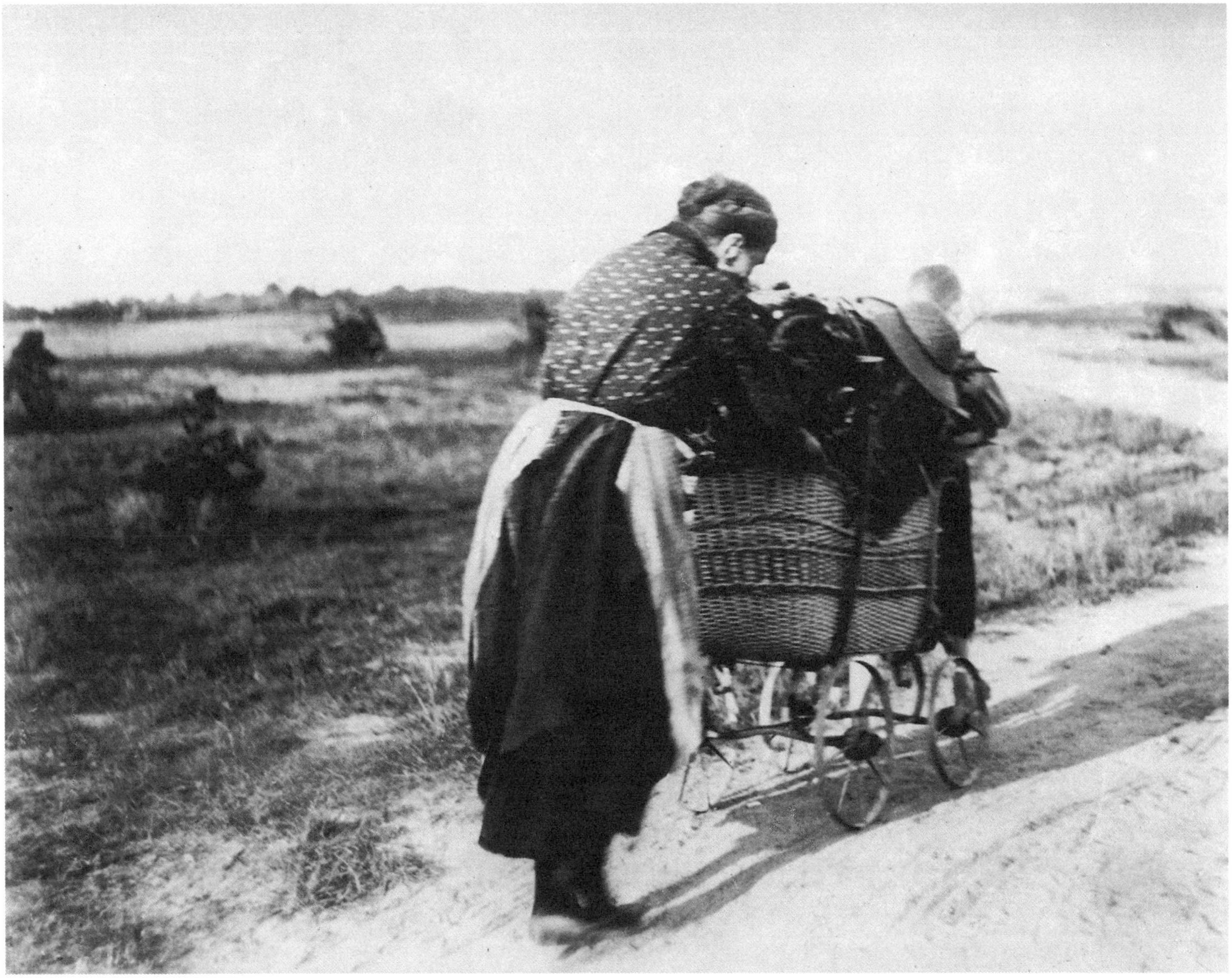

Frau mit Holzfuhre, um 1899. 9 × 12 cm (?)

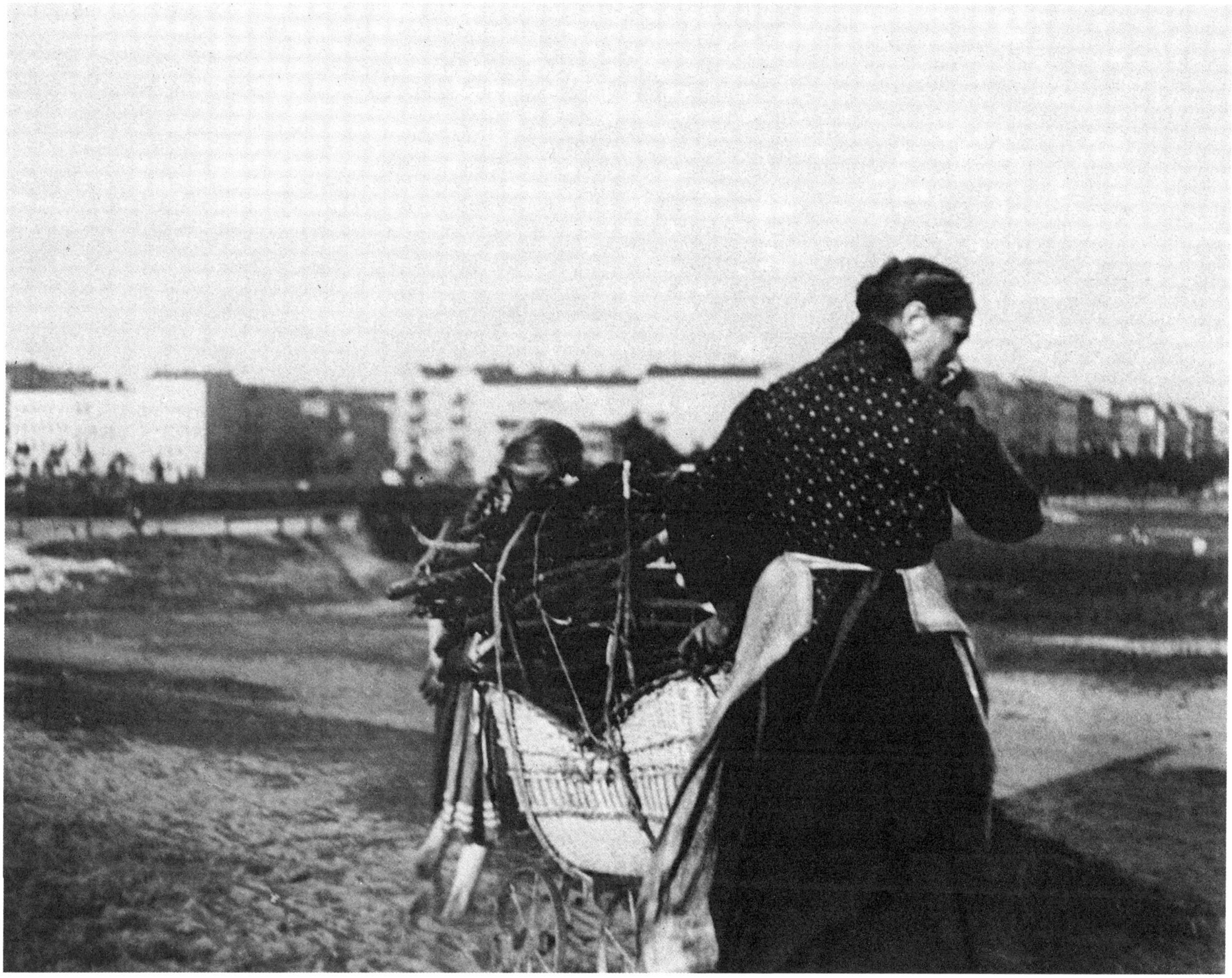

Frau und Mädchen mit Holzfuhre, um 1899. 9 × 12 cm (?)

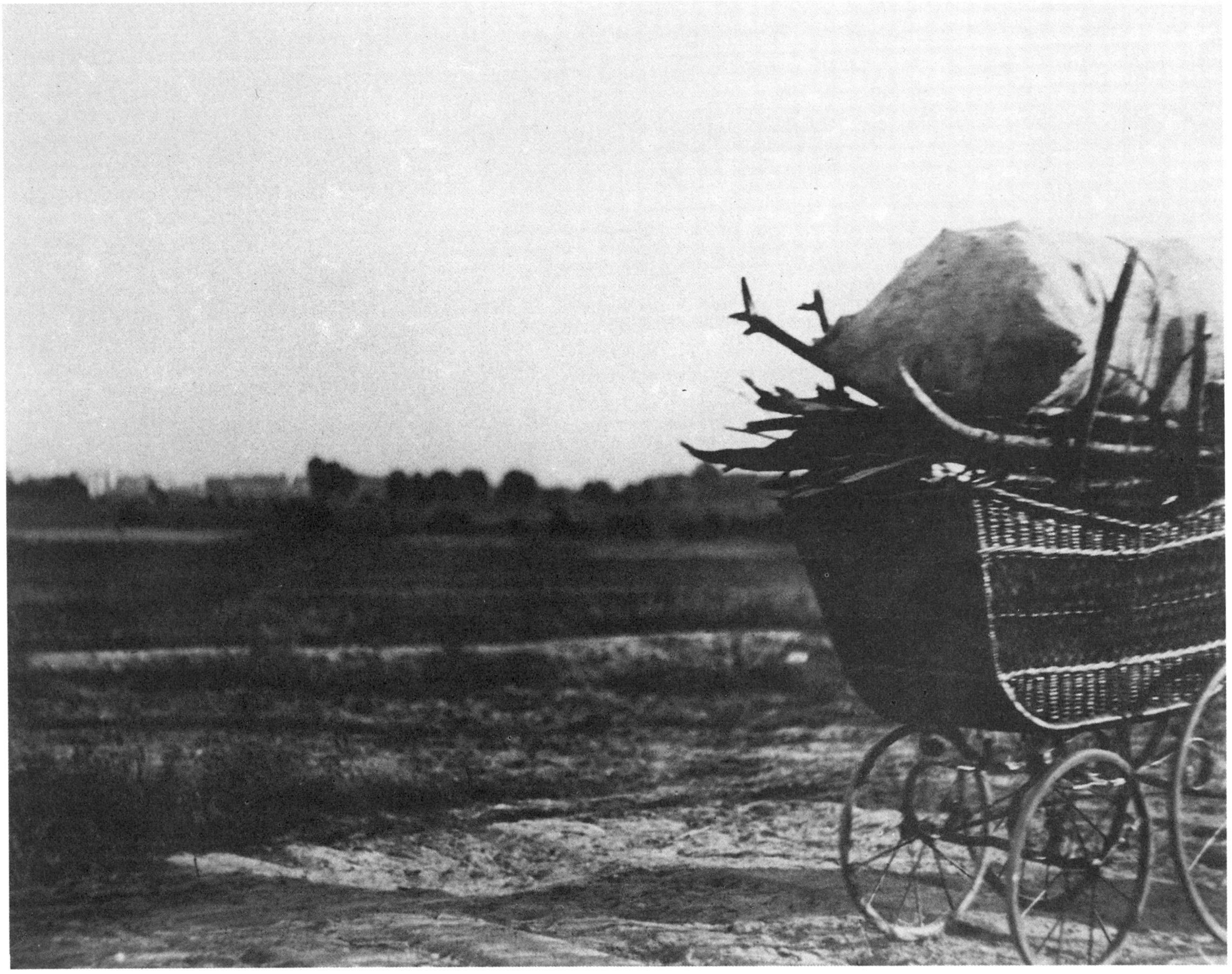

Mit Holz beladener Kinderwagen, um 1899. 9 × 12 cm (?)

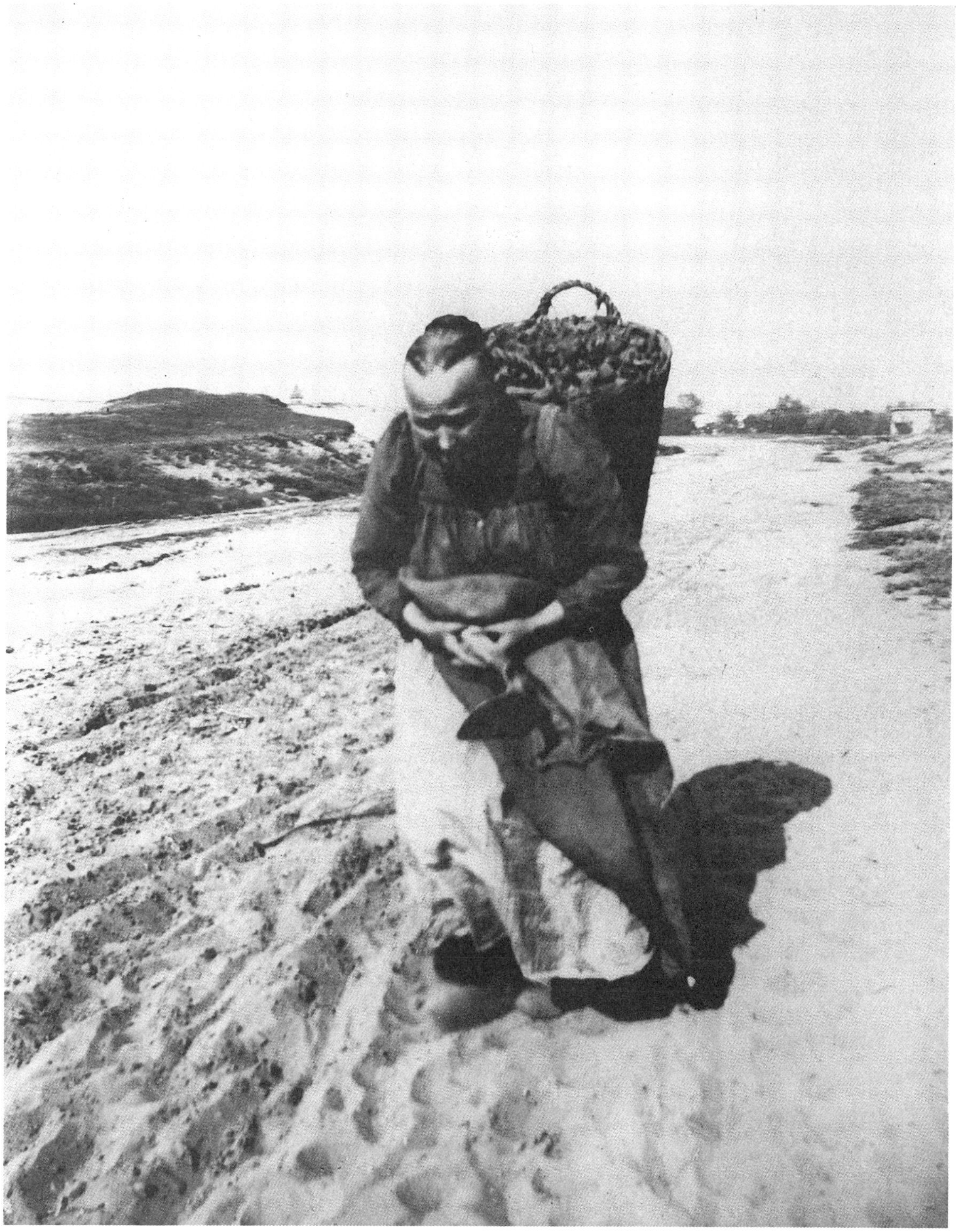

Frau mit laubgefüllter Kiepe, um 1900. 9 × 12 cm

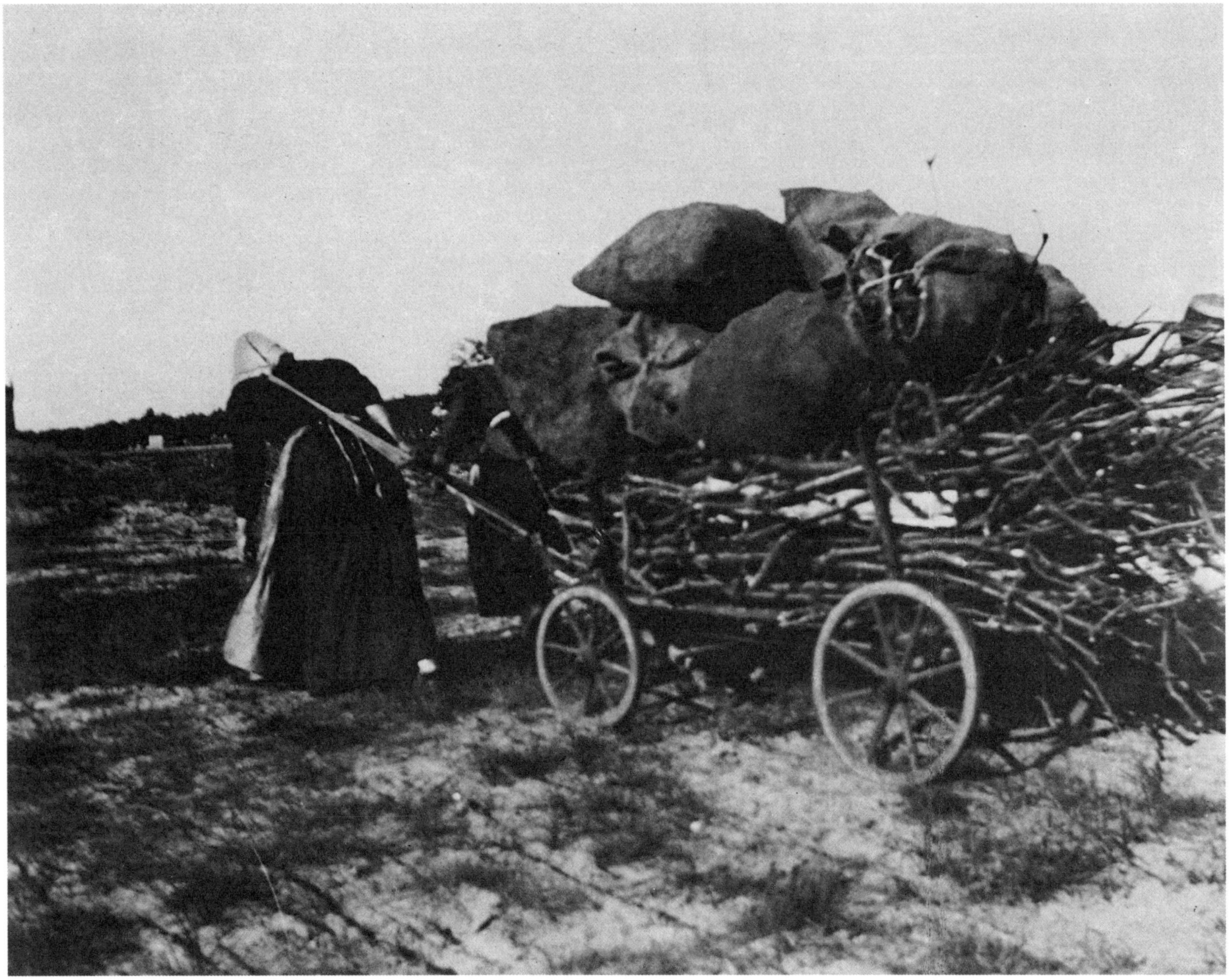

Zwei Frauen mit Holzfuhre, um 1900. 9 × 12 cm (?)

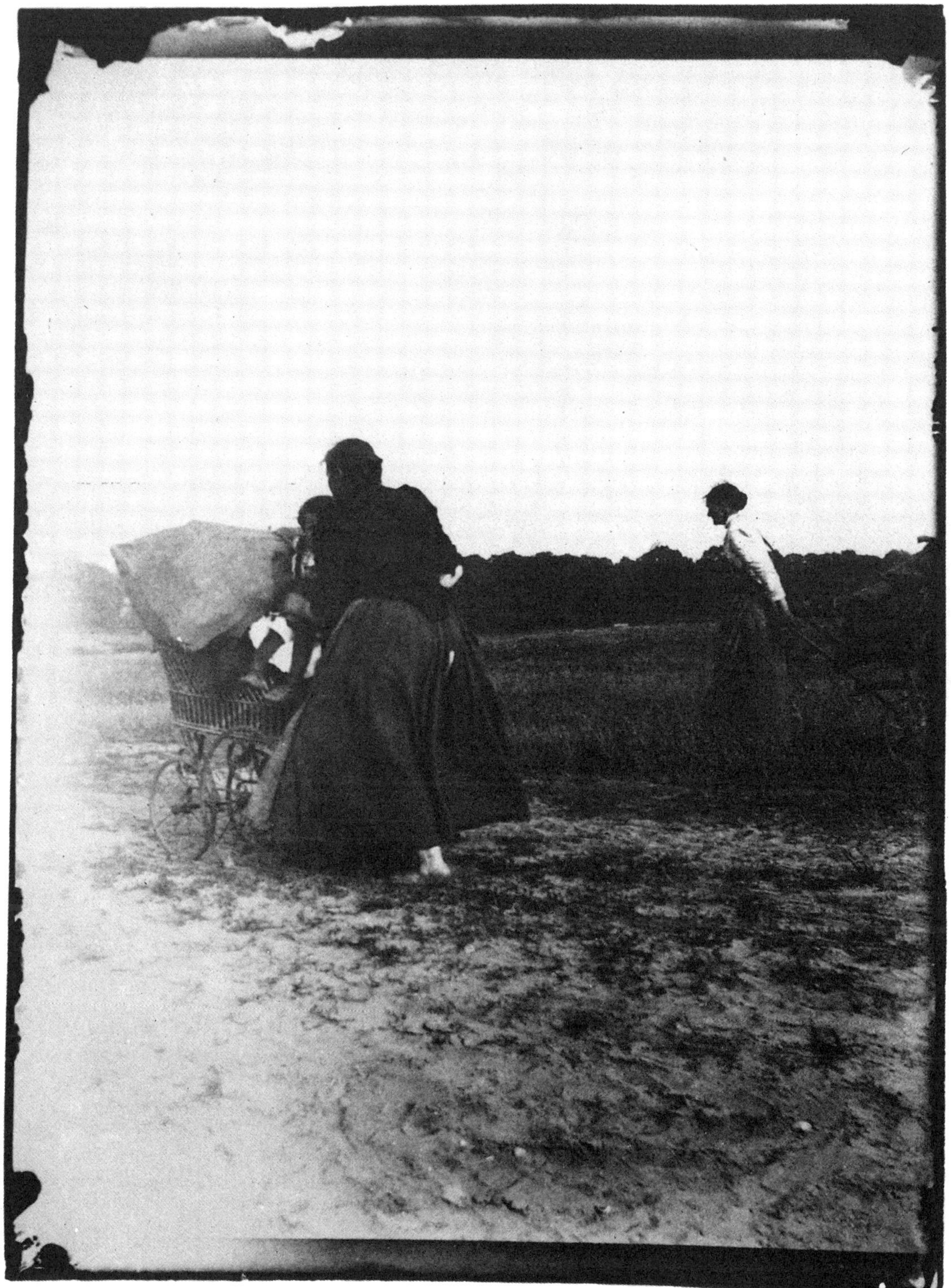

Zwei Frauen bei der Heimkehr aus dem Grunewald, um 1900. 9 × 12 cm

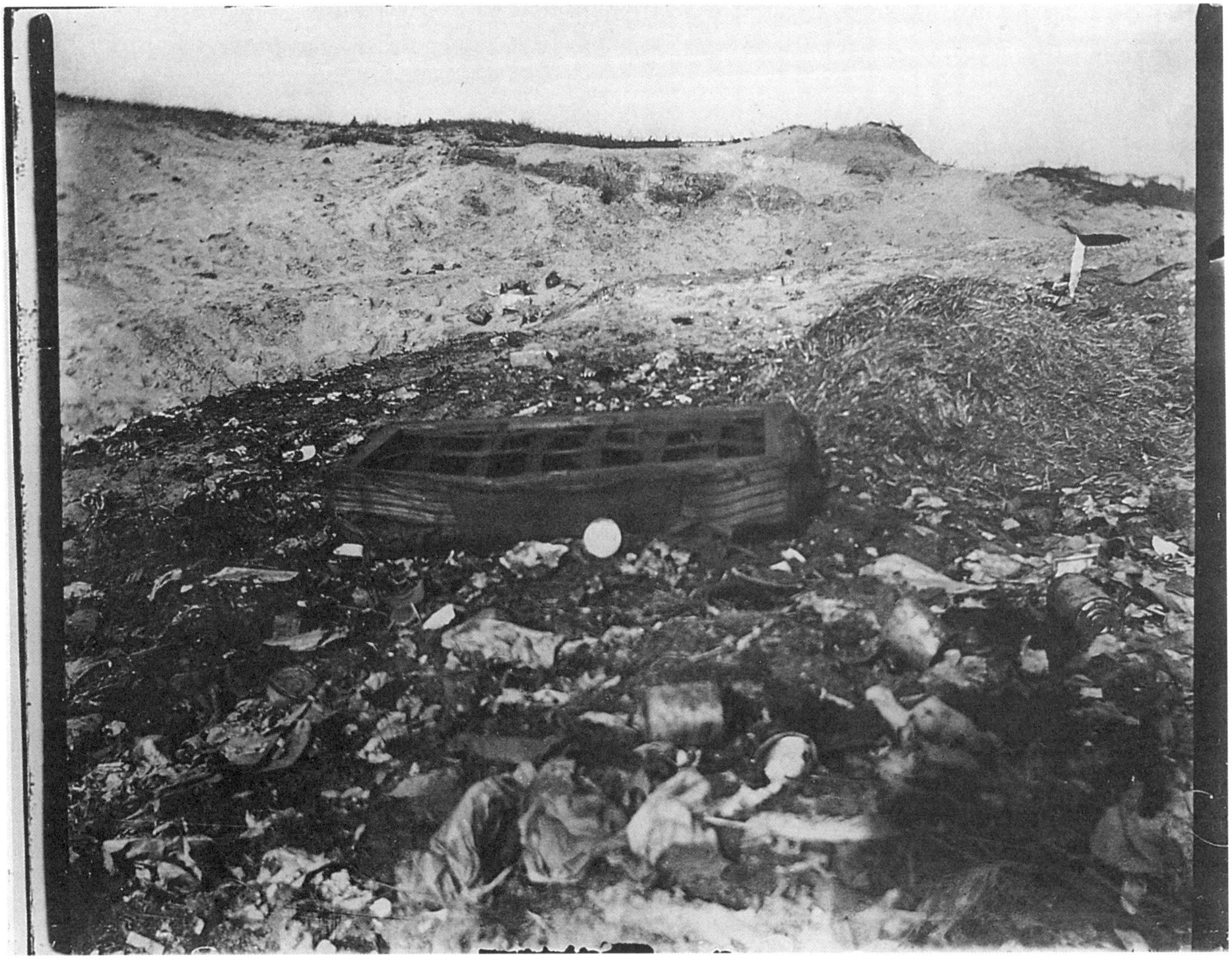

Müllhalde in Charlottenburg, nicht datiert. 9 × 12 cm (?)

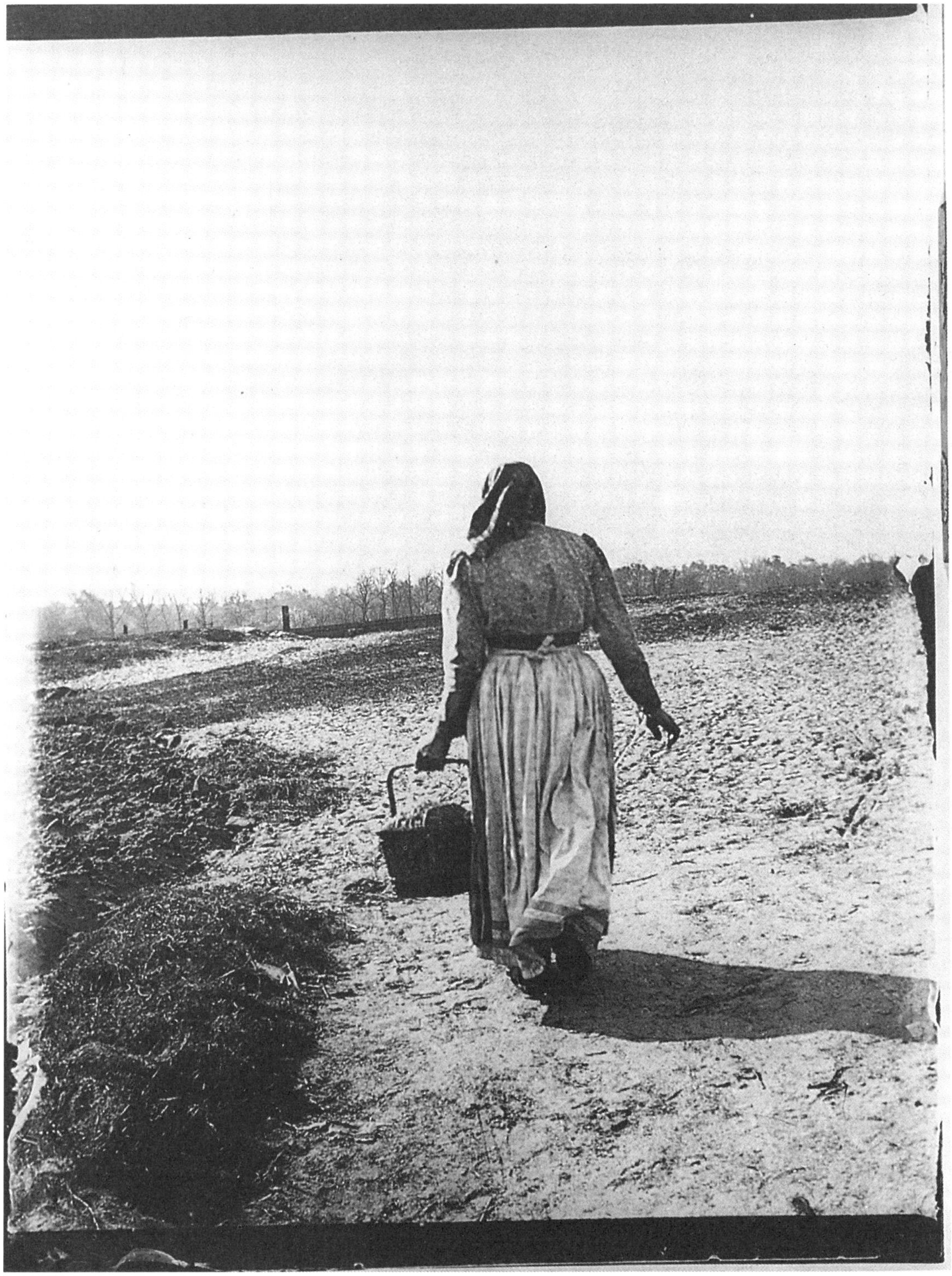

Frau auf dem Weg in den Grunewald, um 1900. 9 × 12 cm

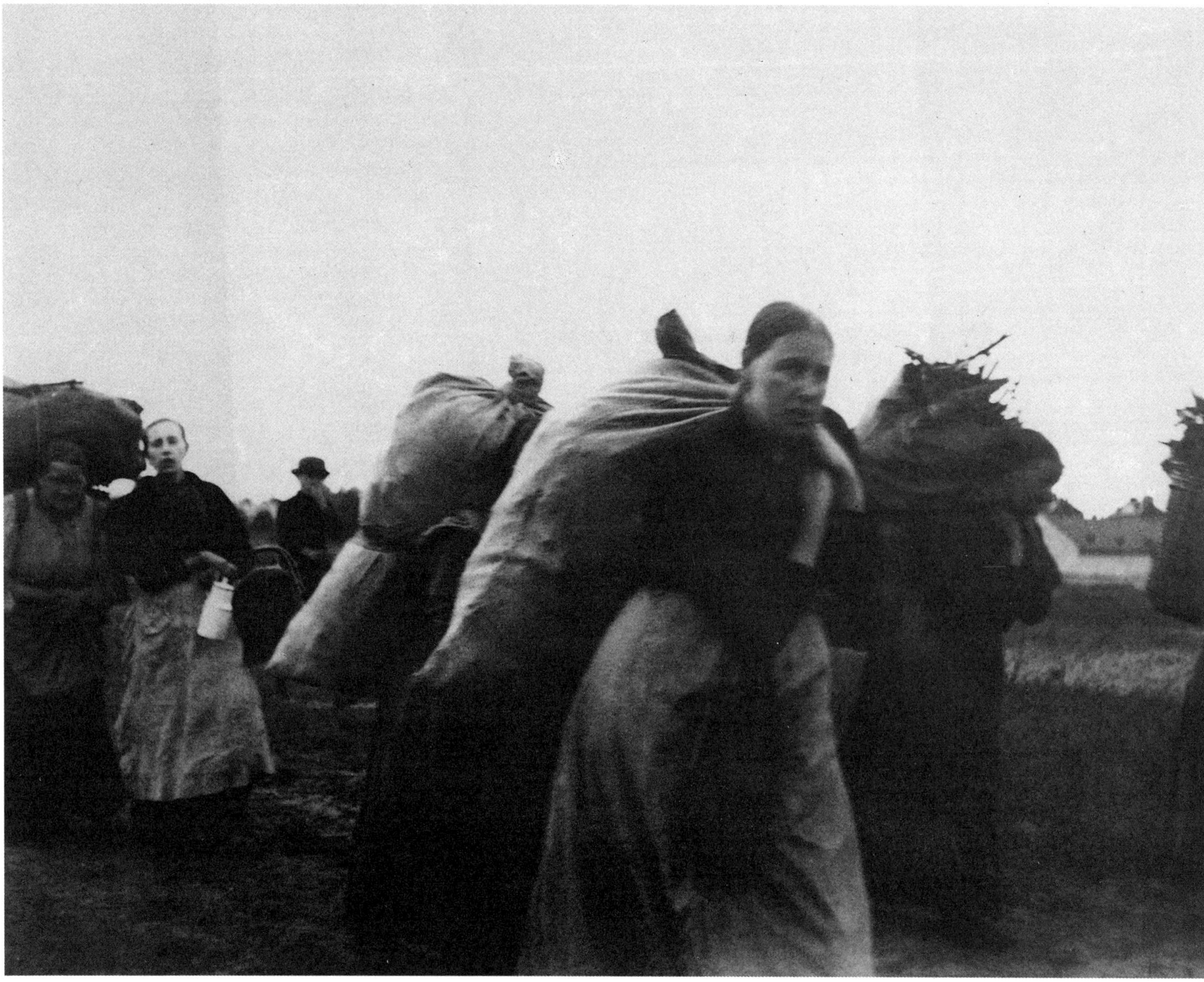

Frauengruppe mit Rückenlasten auf dem Heimweg, um 1900. 9 × 12 cm

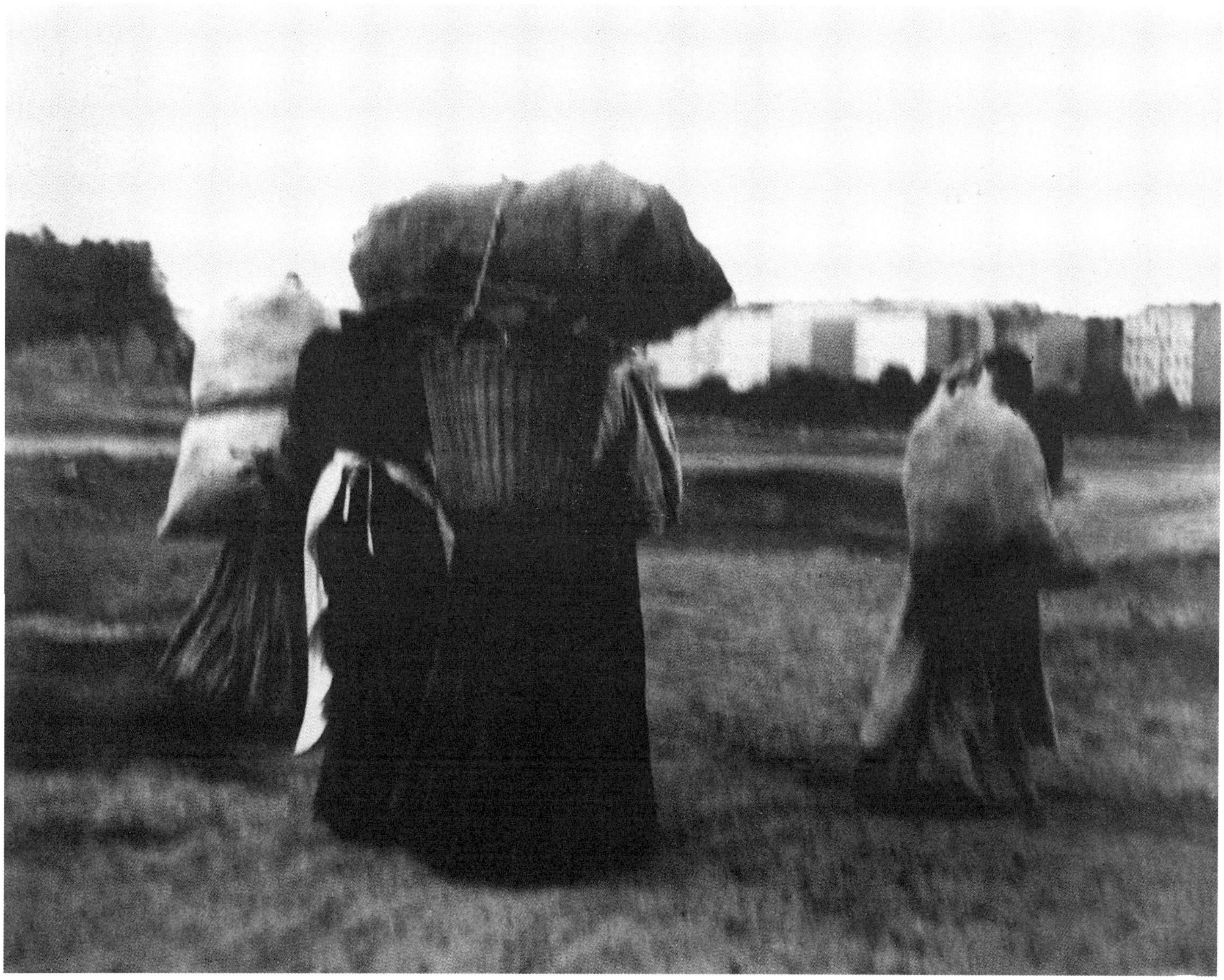

um 1900. 9 × 12 cm

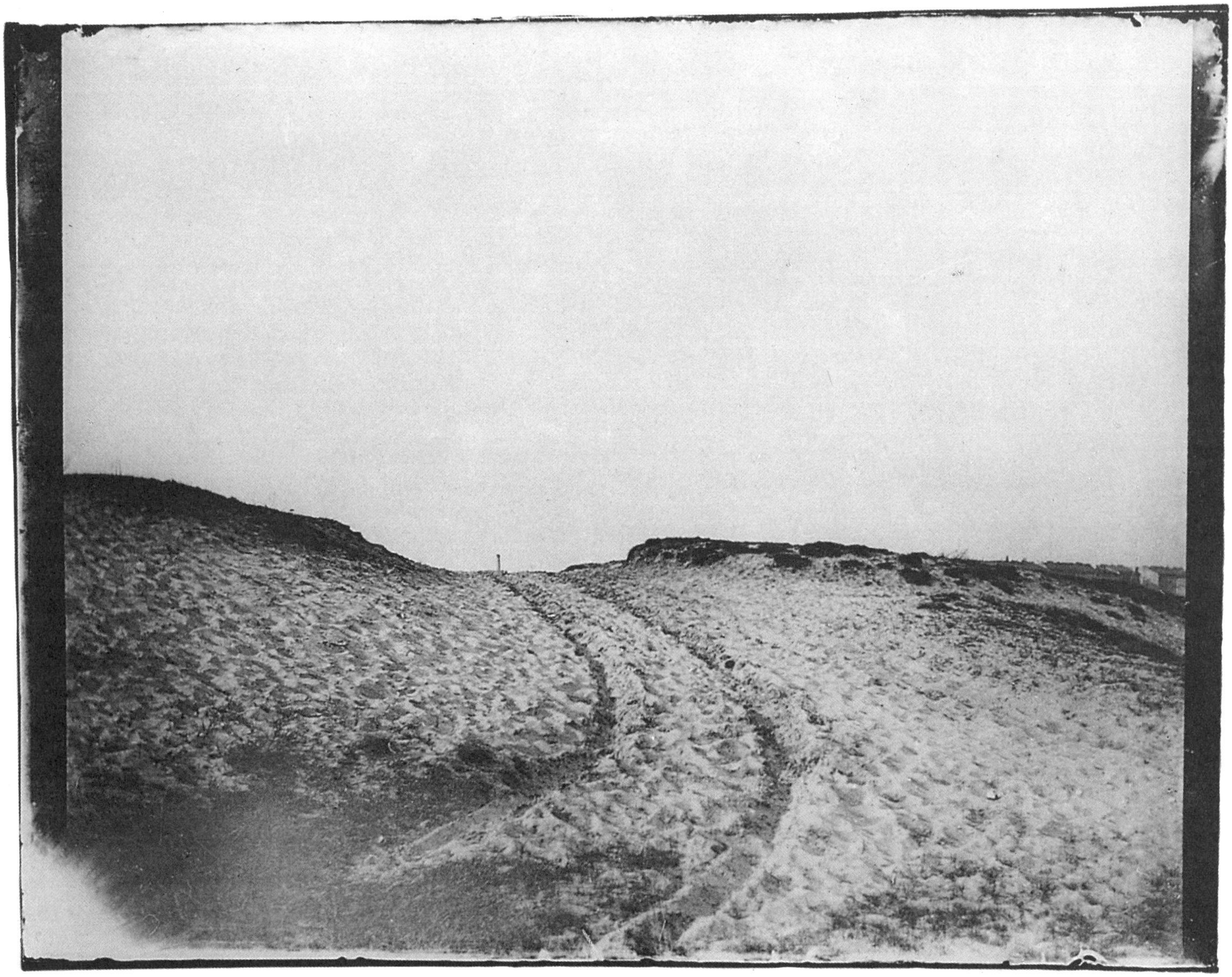

Sandweg zur Müllhalde in Charlottenburg, nicht datiert. 9 × 12 cm

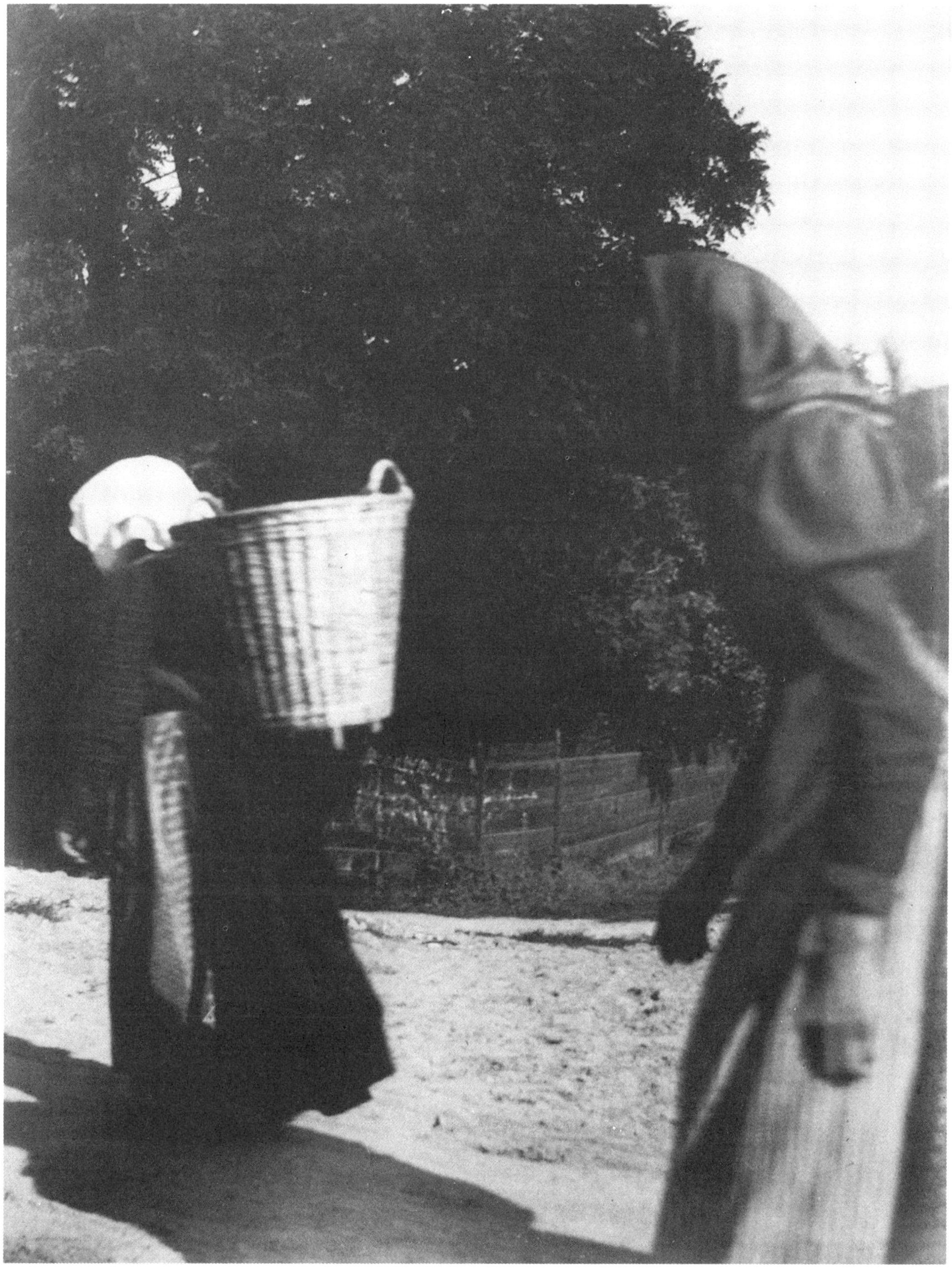

Zwei Frauen mit Kiepen auf dem Rücken, nicht datiert

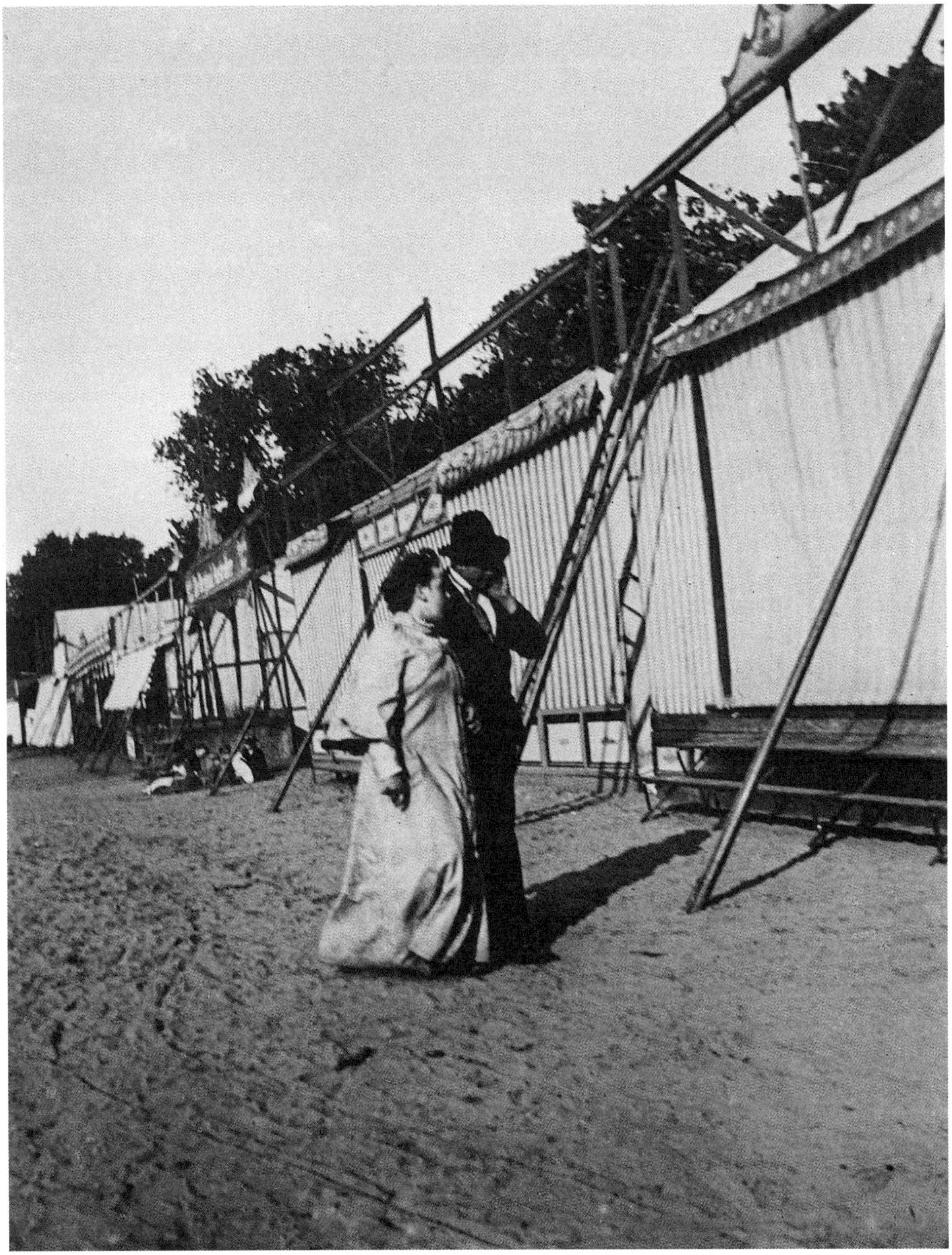

Einsames Paar, um 1900. 9 × 12 cm

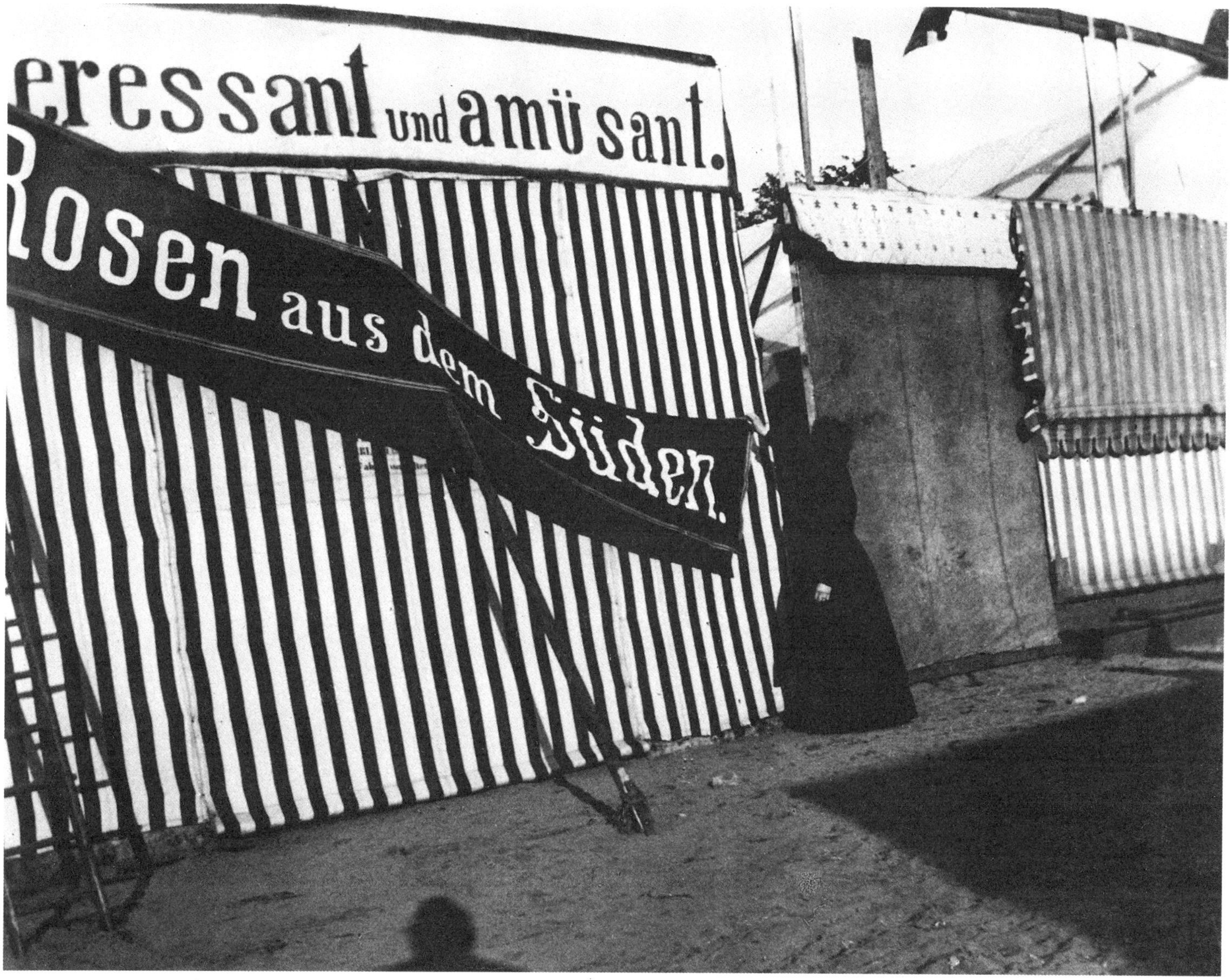

Budenaufbau auf dem Rummel, um 1900. 9 × 12 cm (?)

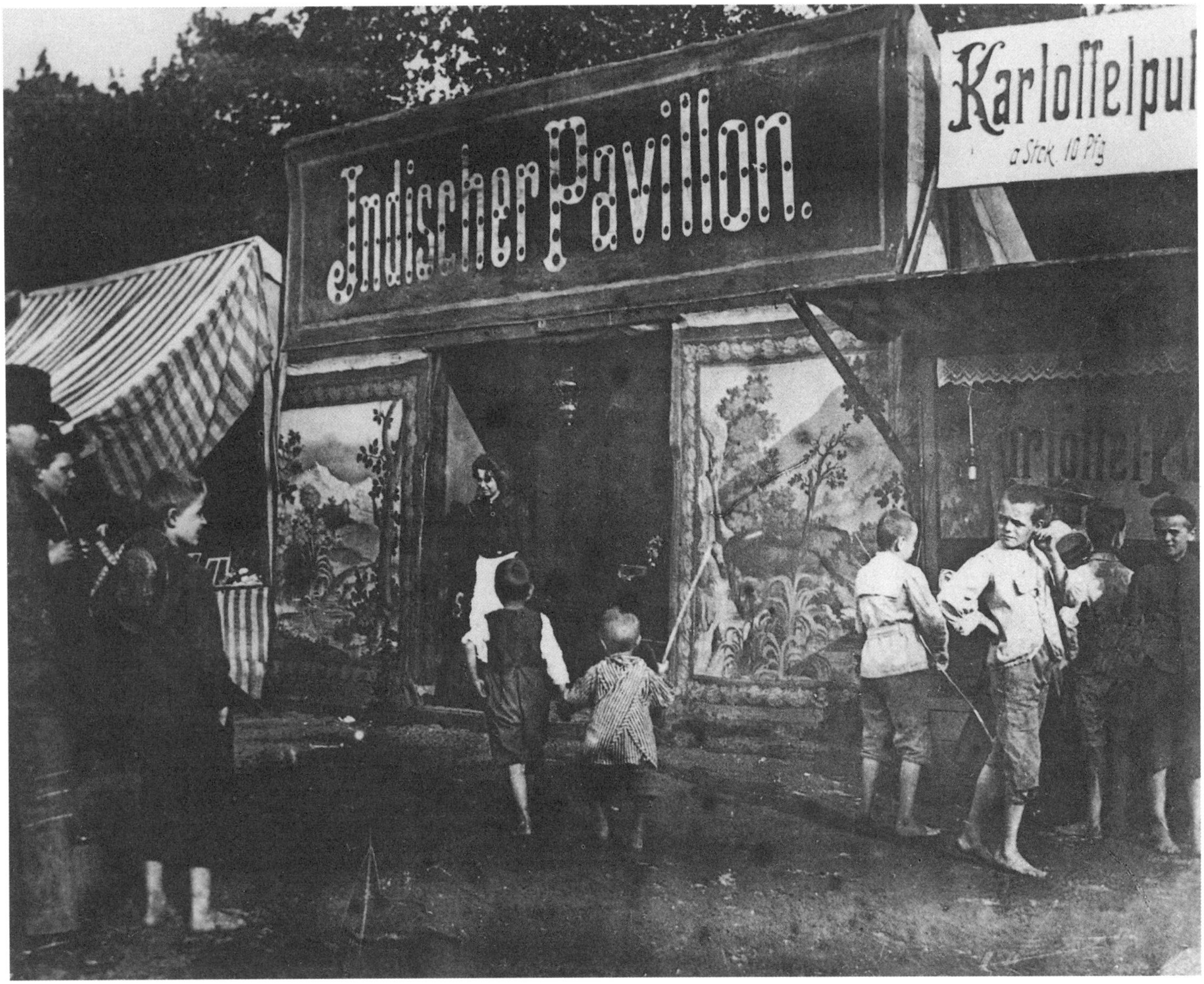

»Indischer Pavillon«, um 1900. 9 × 12 cm (?)

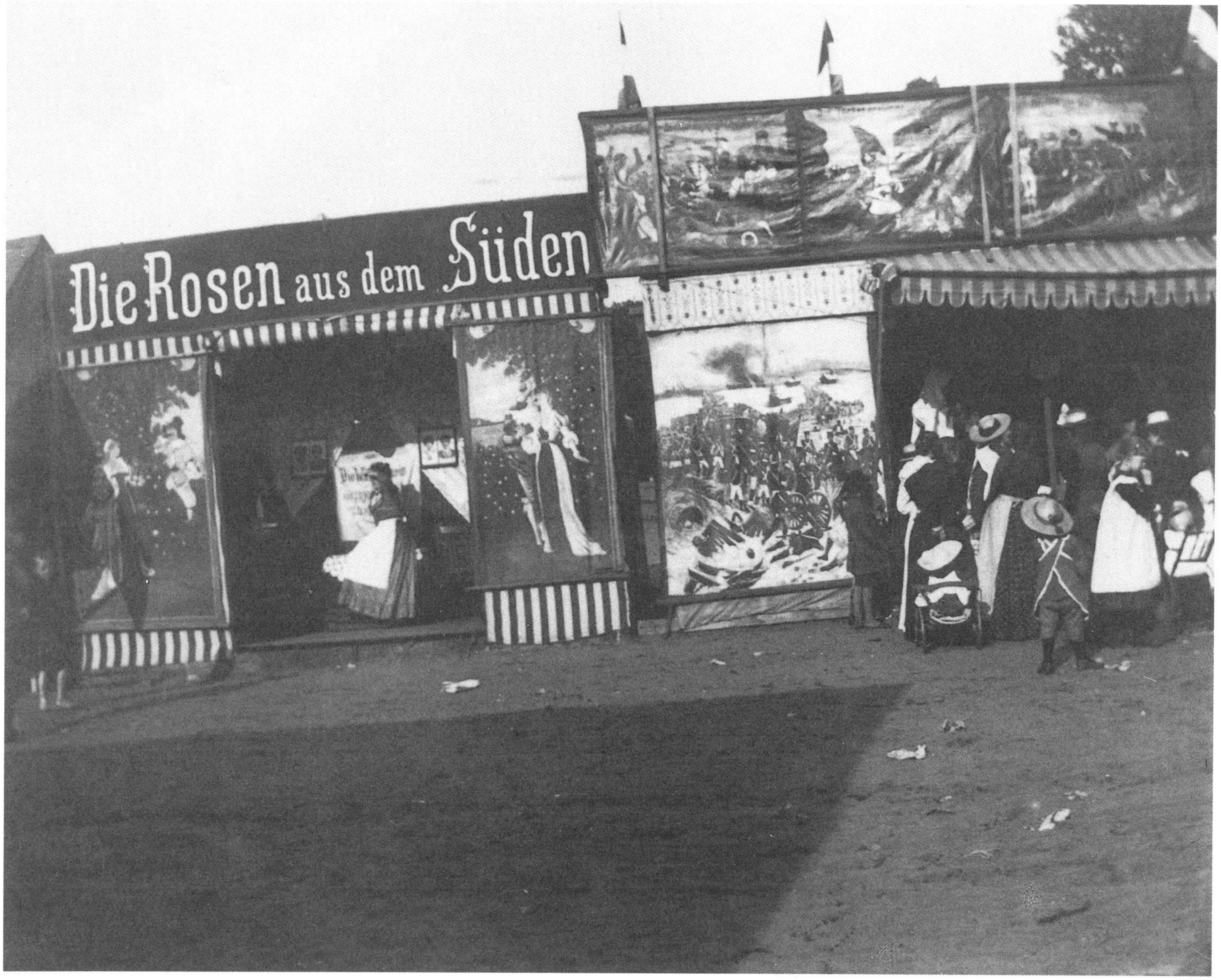

Budenstraße, um 1900. 9 × 12 cm (?)

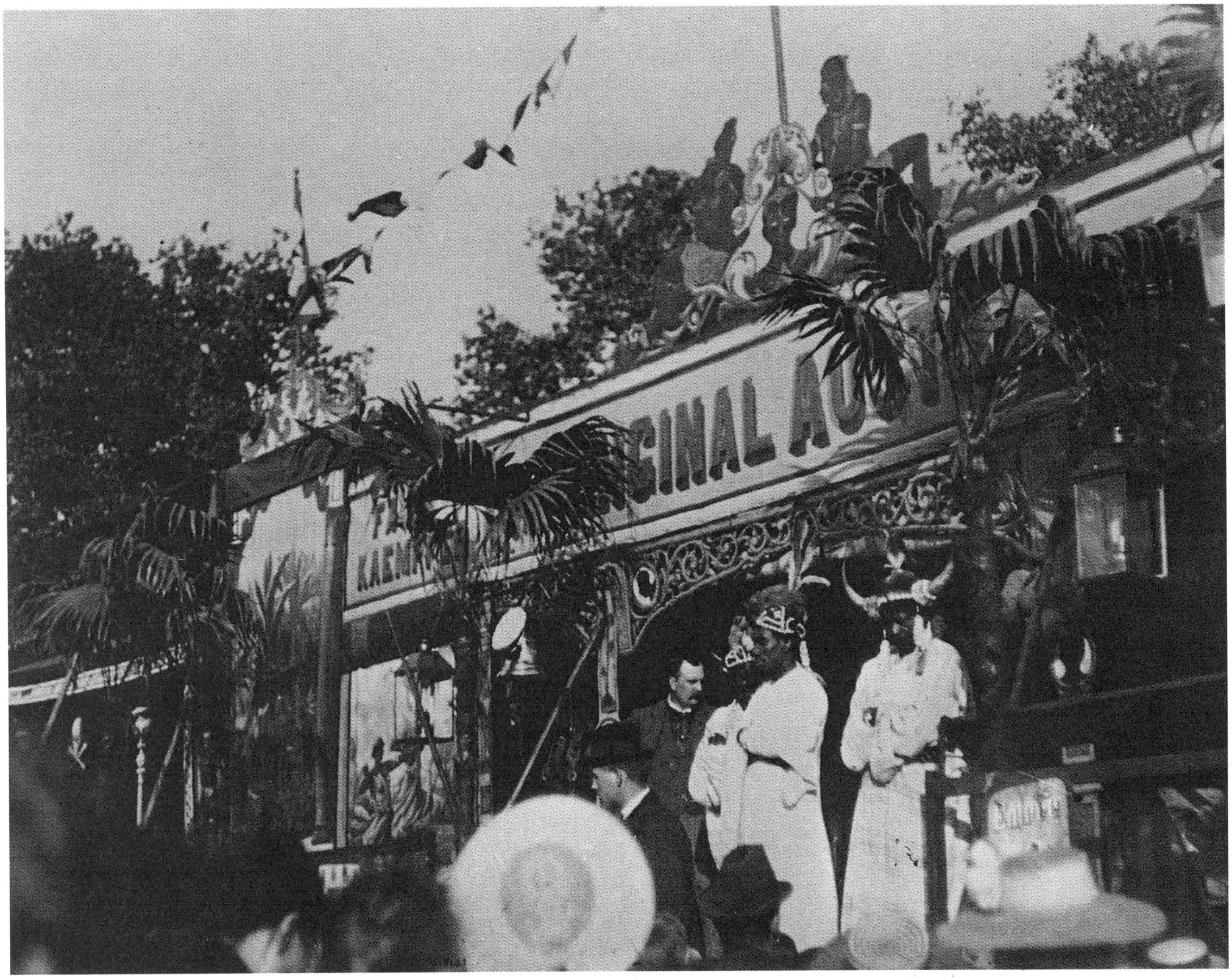

»Die Original-Australier« auf dem Rummel, um 1900. 9 × 12 cm (?)

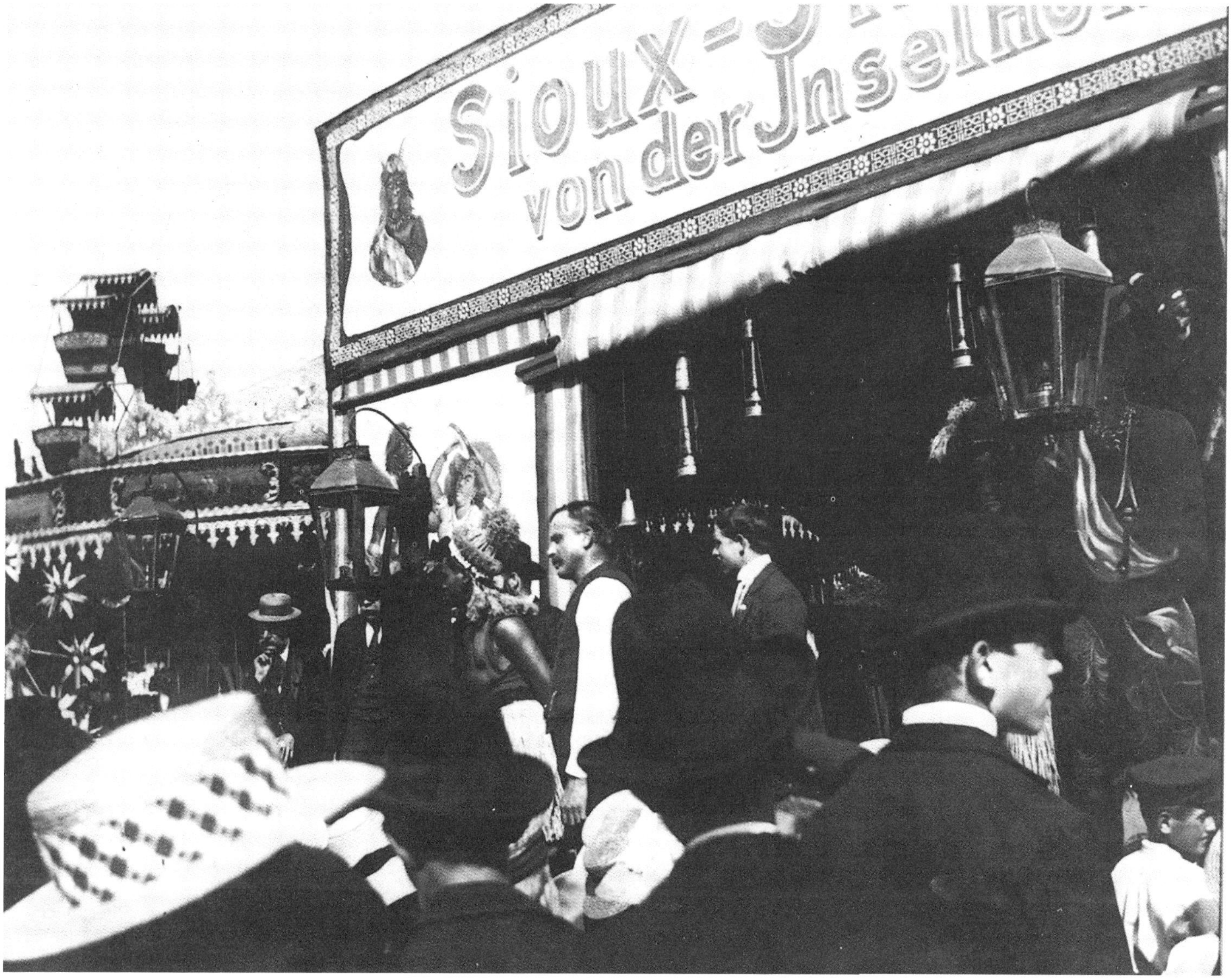

»Sioux-Indianer« auf dem Rummel, um 1900. 9 × 12 cm (?)

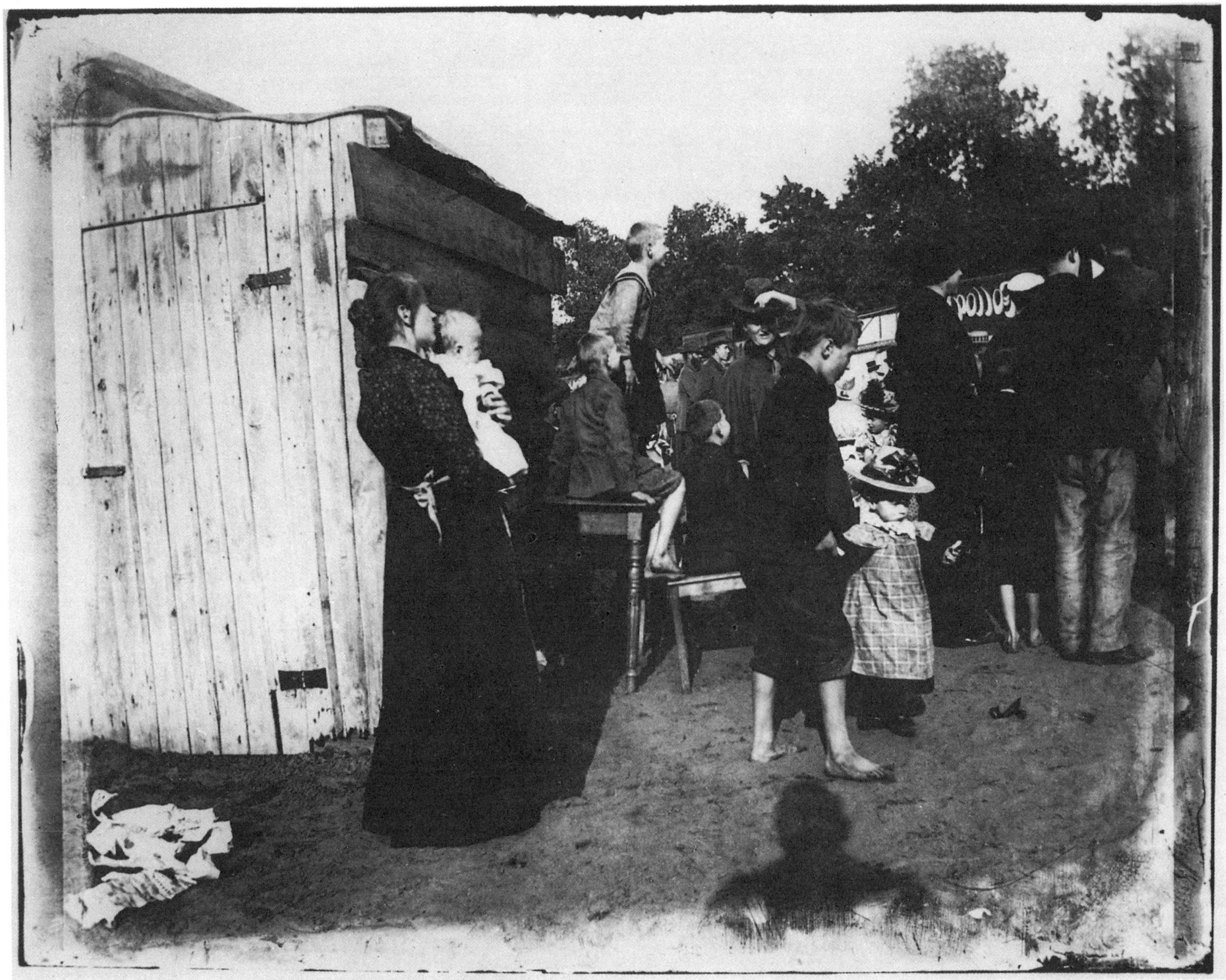

Zuschauer, um 1900. 9 × 12 cm

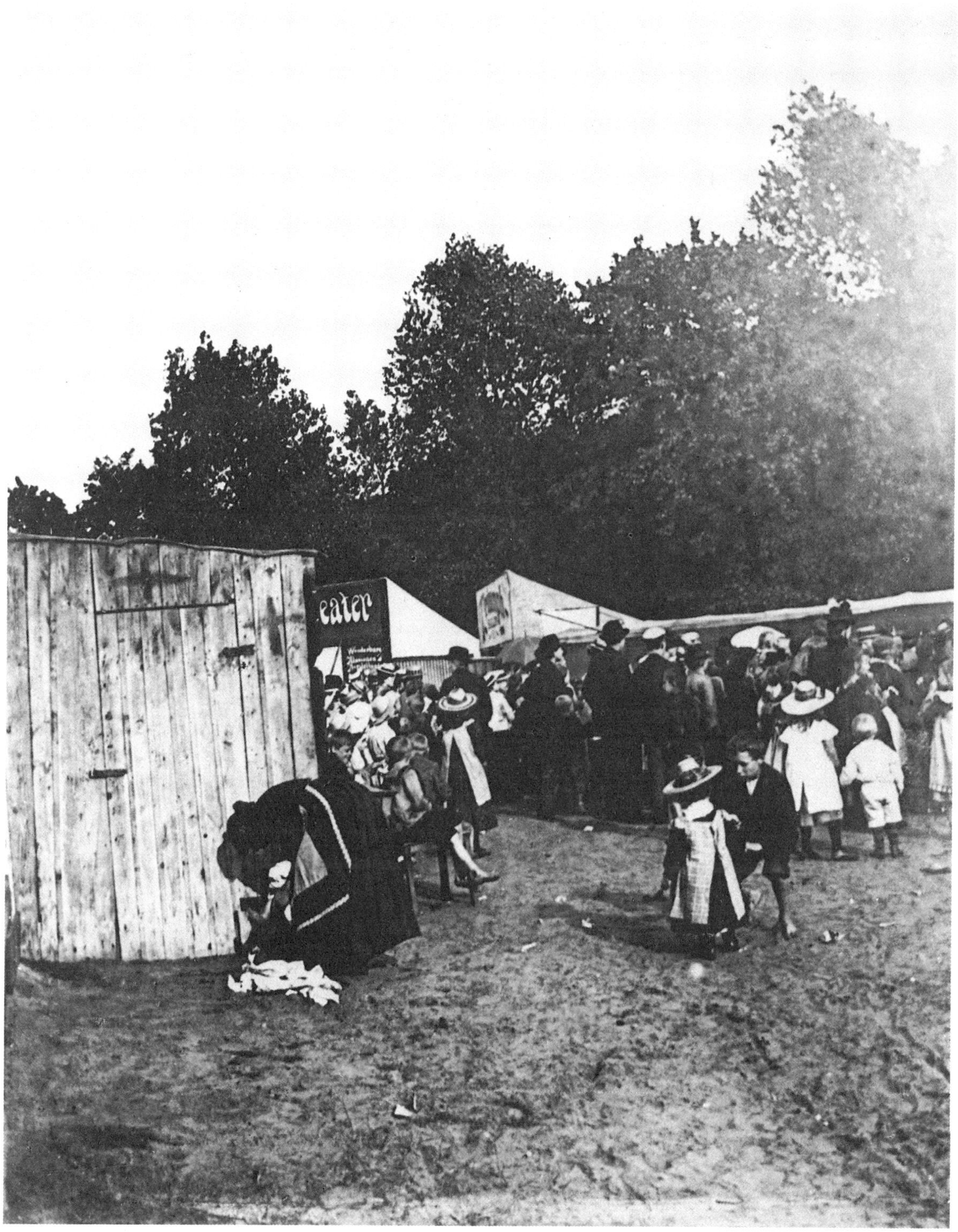

Bedürfnis, um 1900. 9 × 12 cm

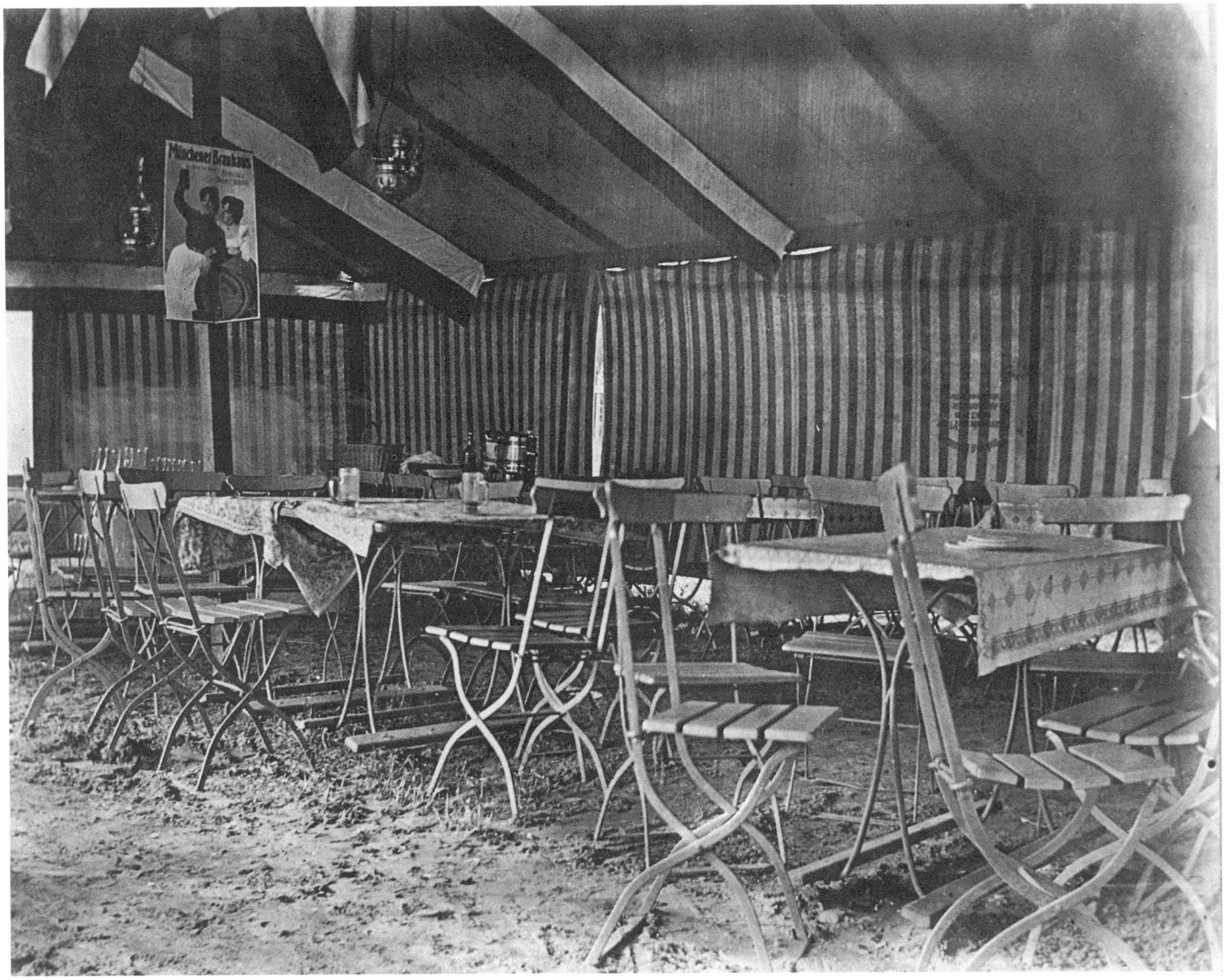

Leeres Bierzelt, um 1900. 9 × 12 cm

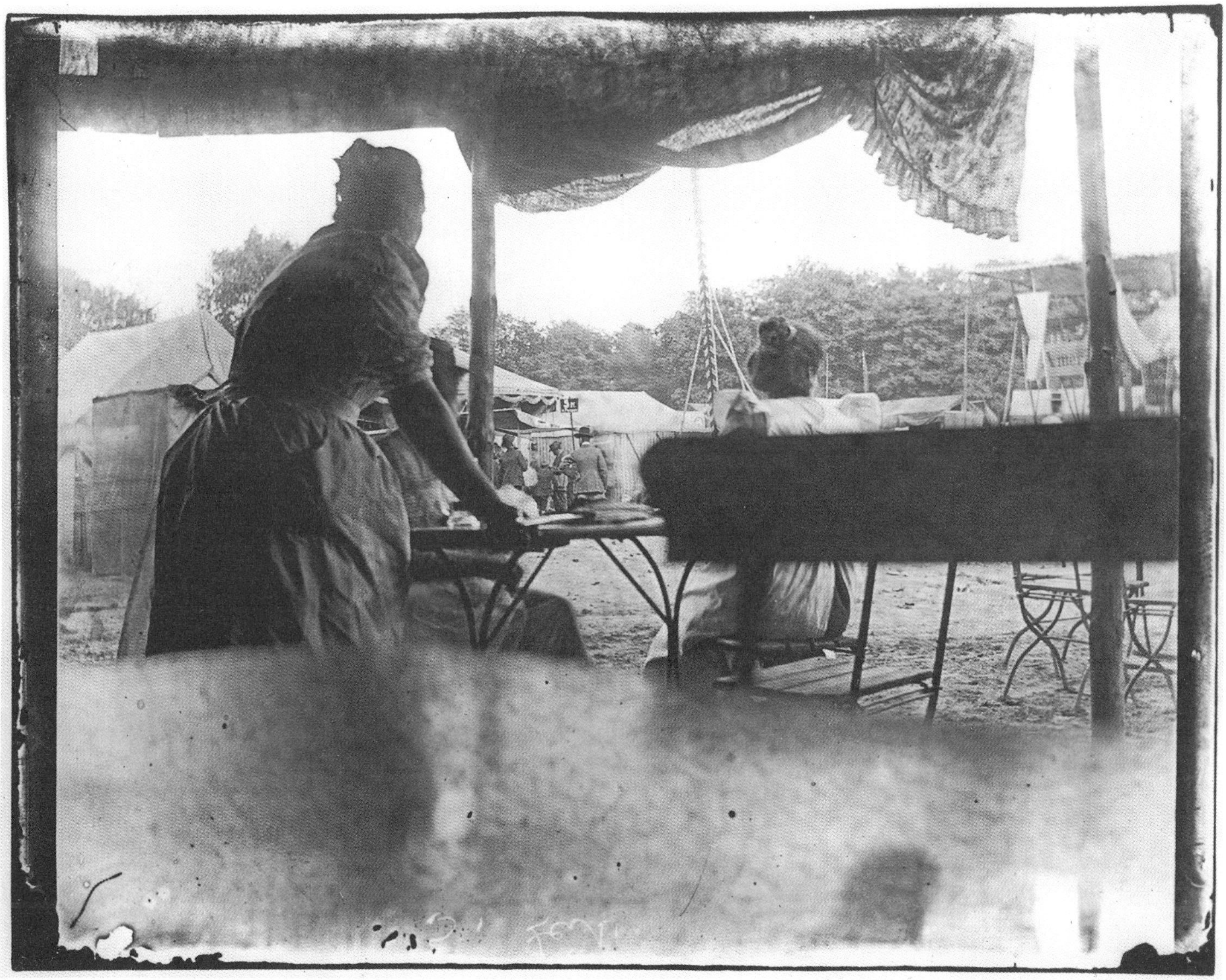

Blick aus dem Bierzelt, um 1900. 9 × 12 cm

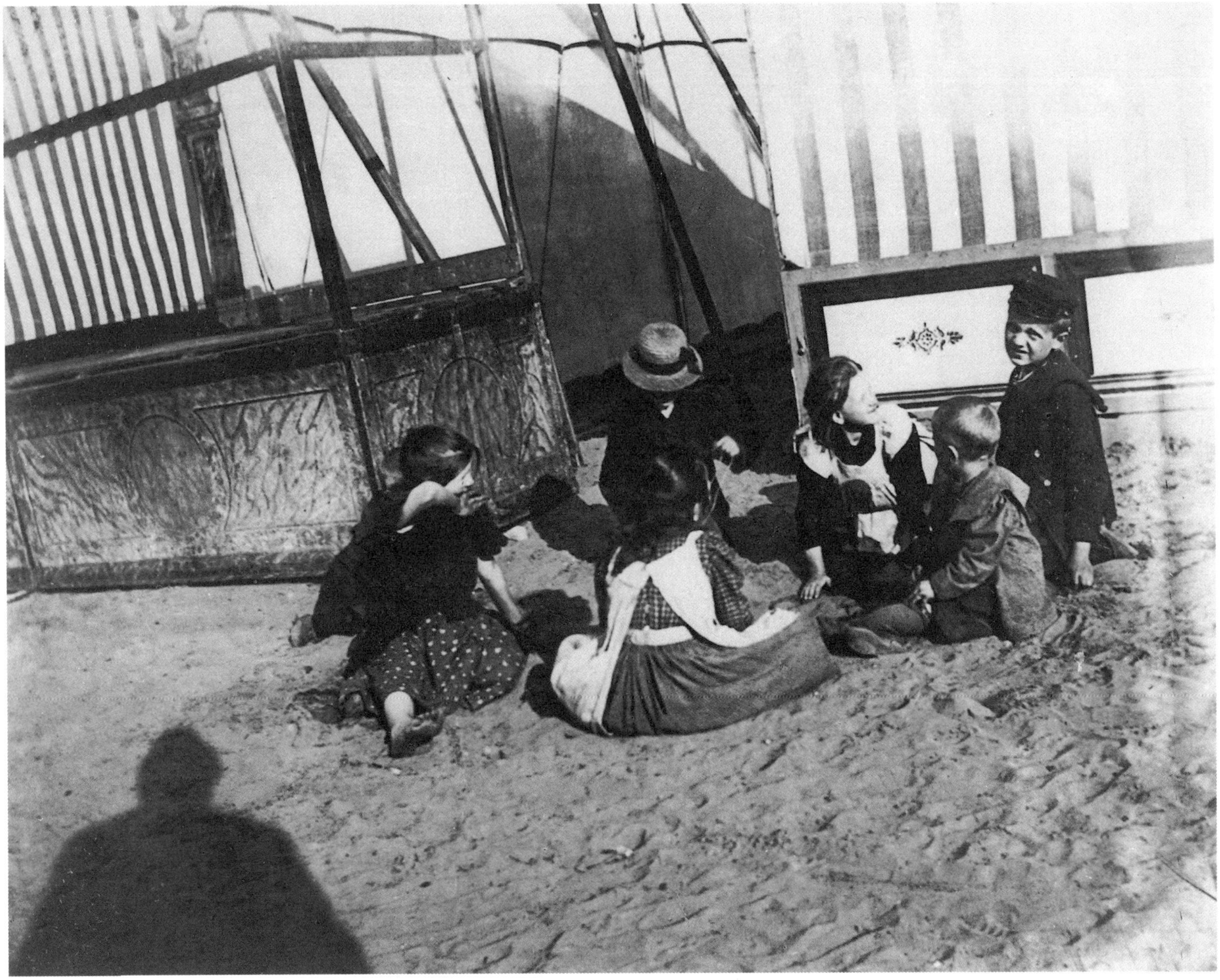

Kinderspiel, um 1900. 9 × 12 cm

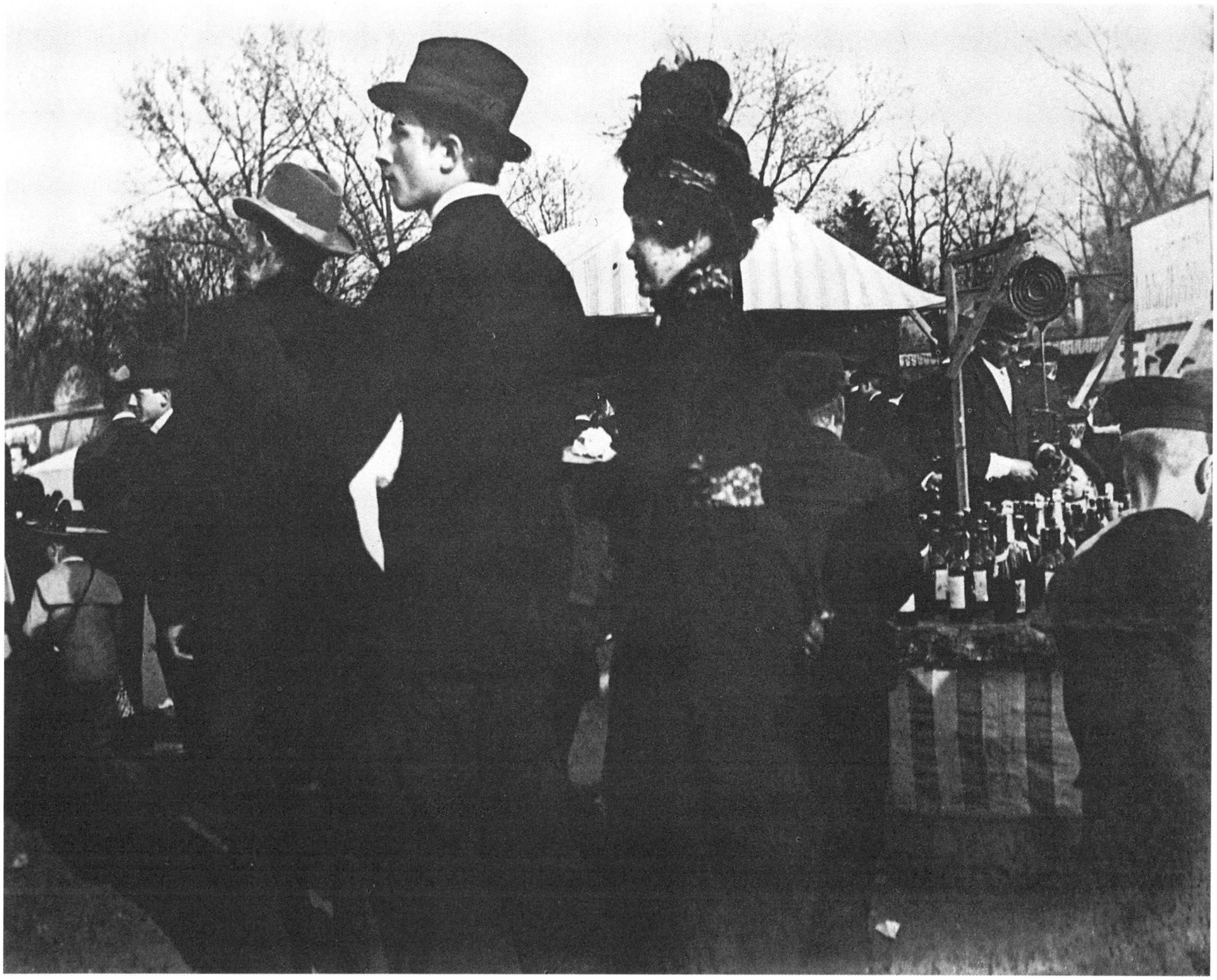

Festtags-Publikum, um 1900. 9 × 12 cm

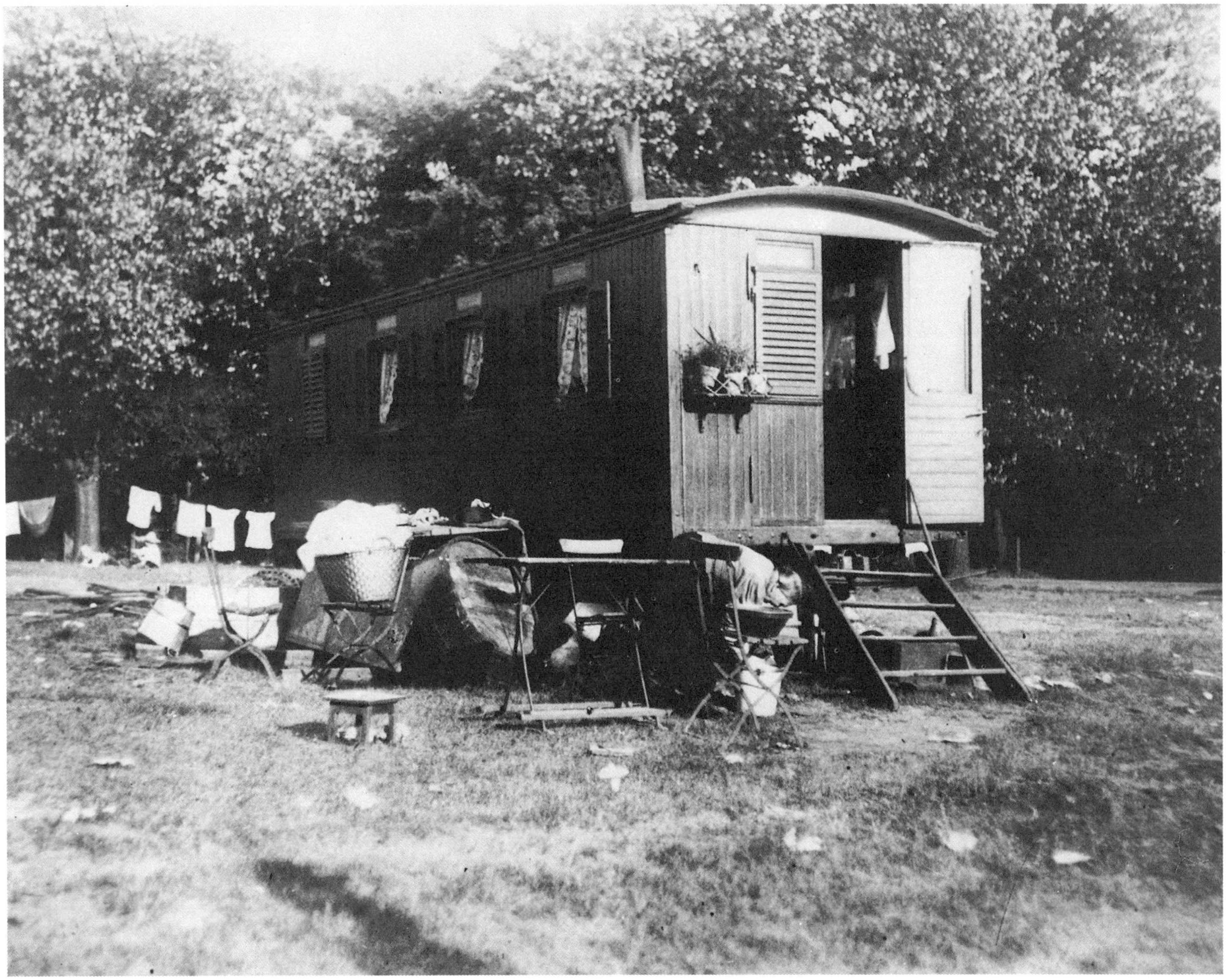

Wohnwagen – Frau bei der Wäsche, um 1900. 9 × 12 cm (?)

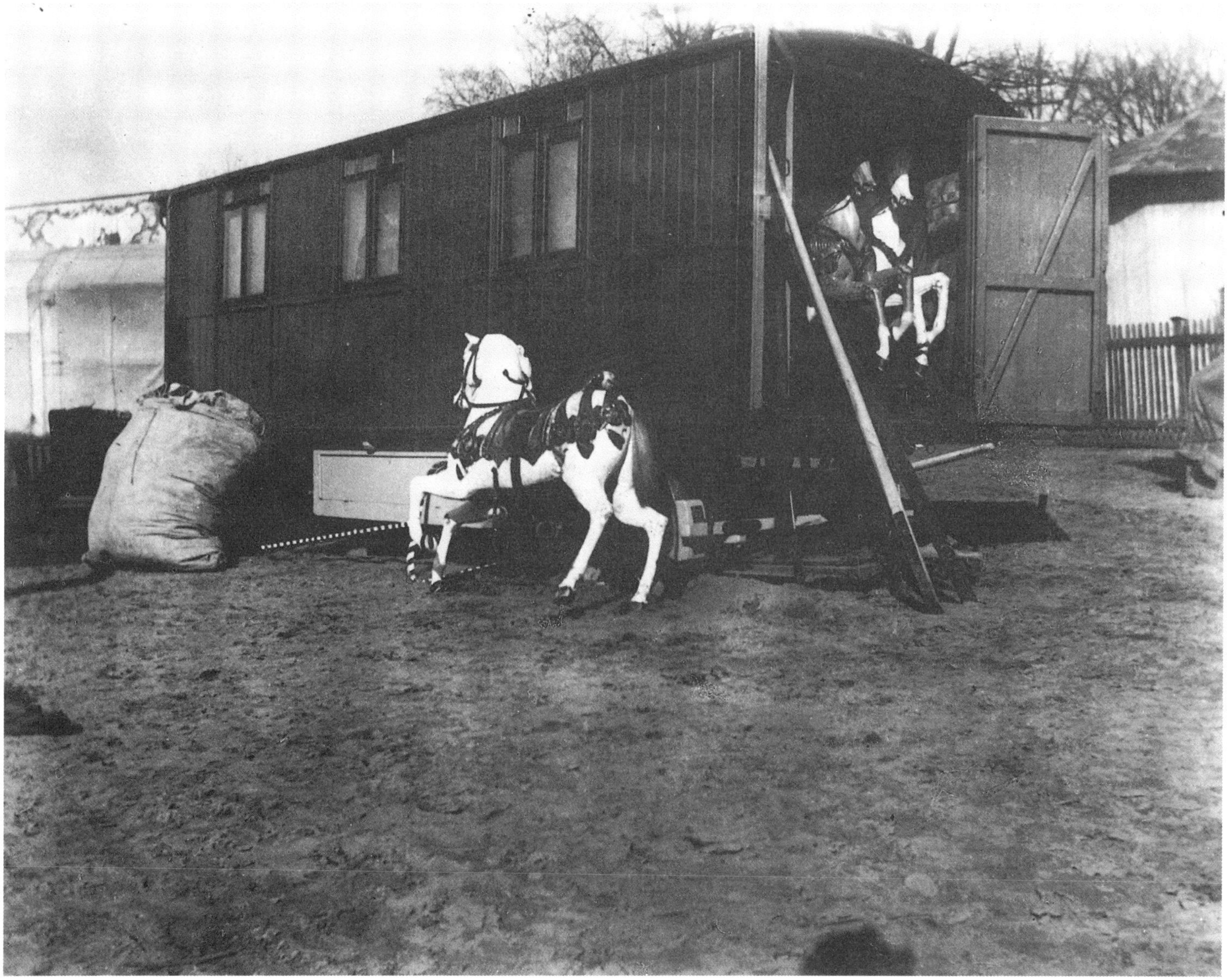

Karussellpferde, um 1900. 9 × 12 cm

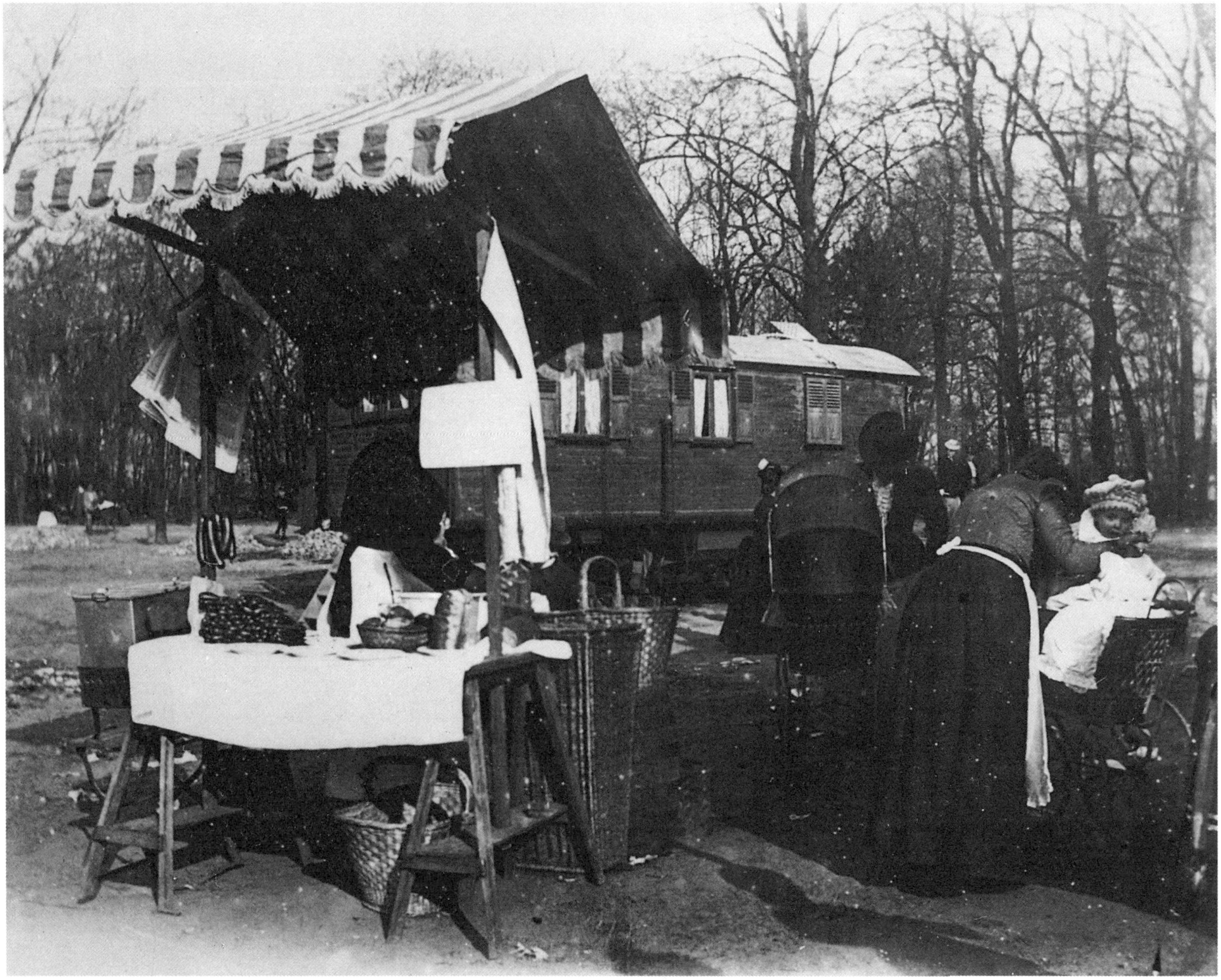

Würstchenstand, um 1900. 9 × 12 cm (?)

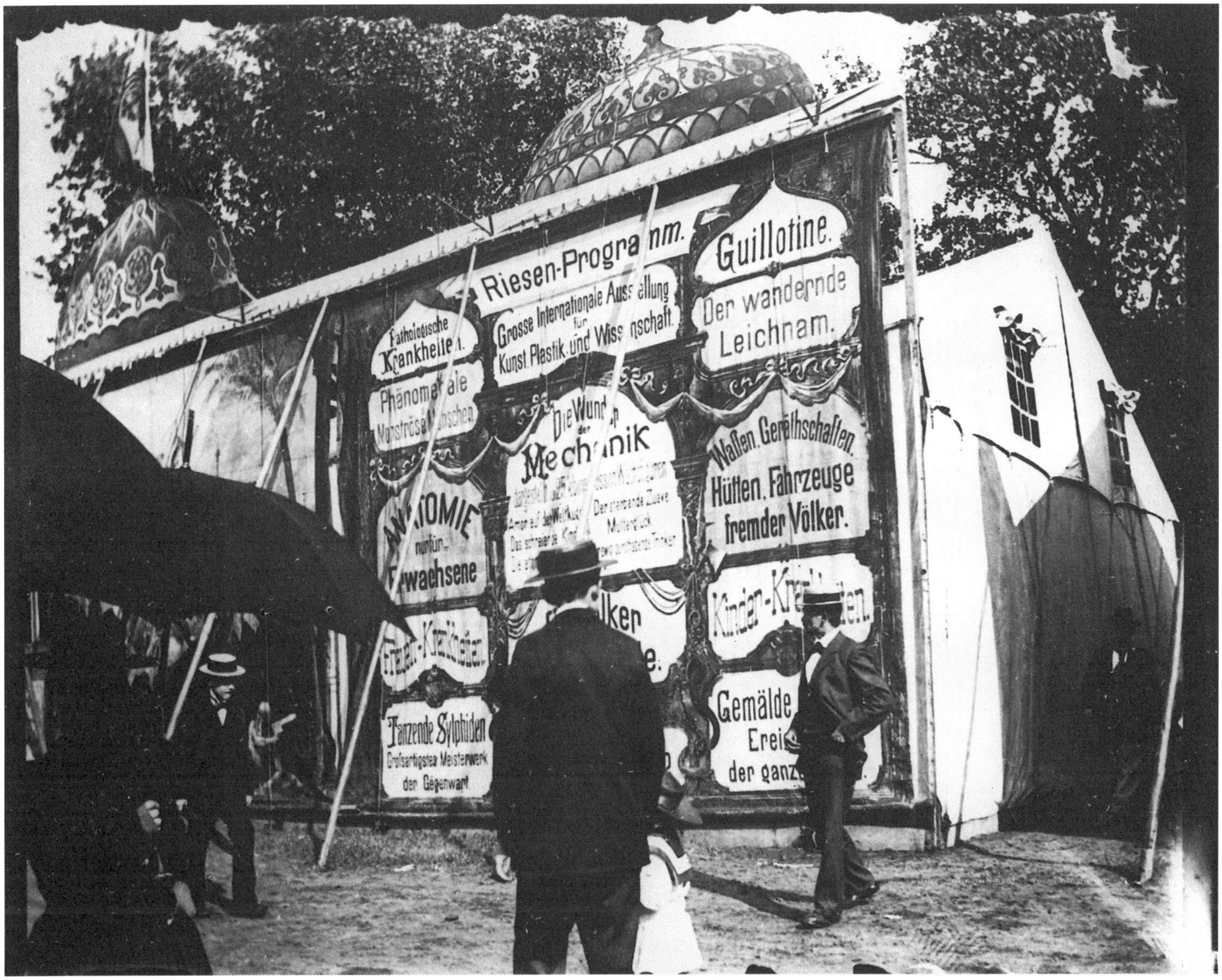

»Riesen-Programm«, um 1900. 9 × 12 cm

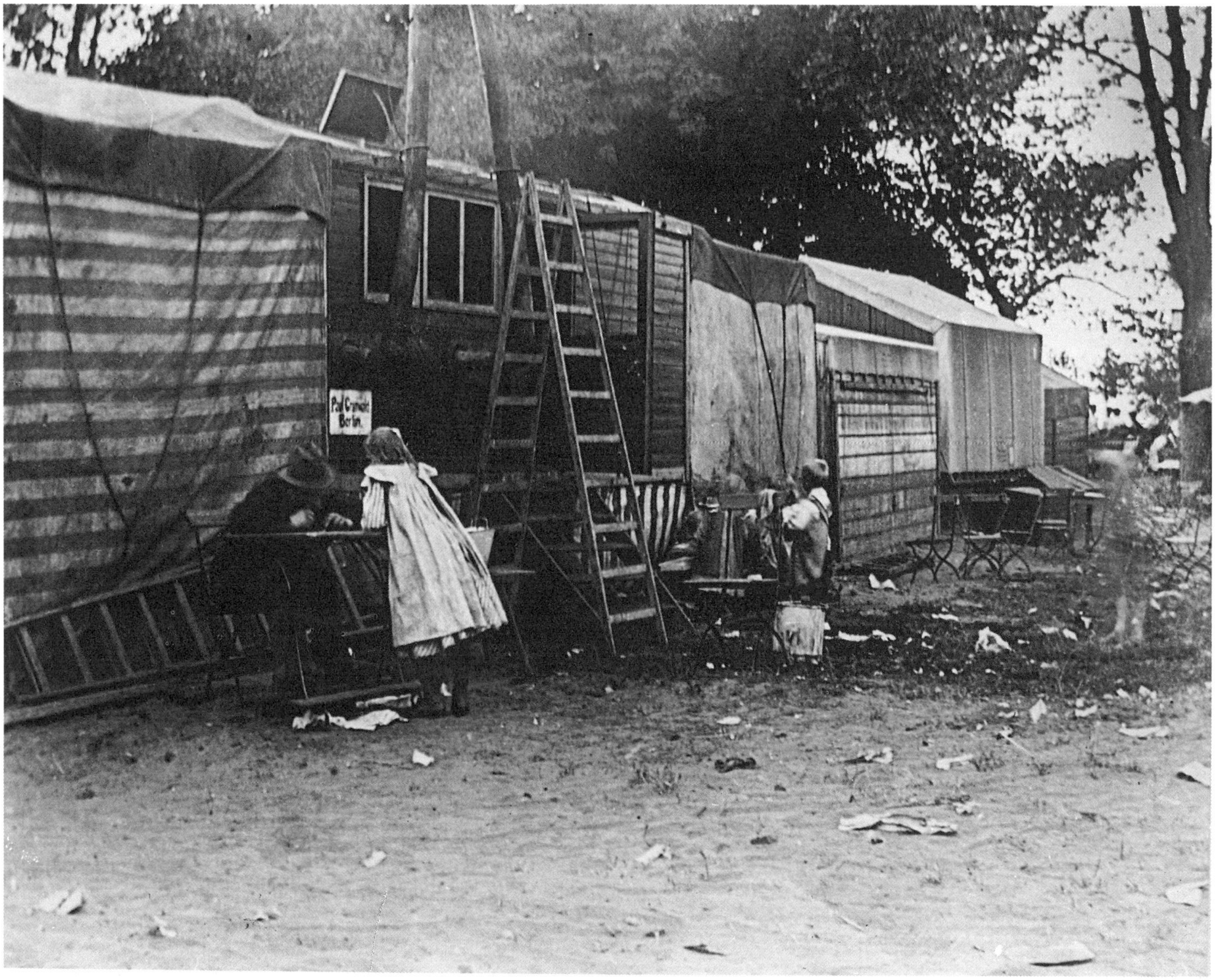

Hinter den Buden, um 1900. 9 × 12 cm

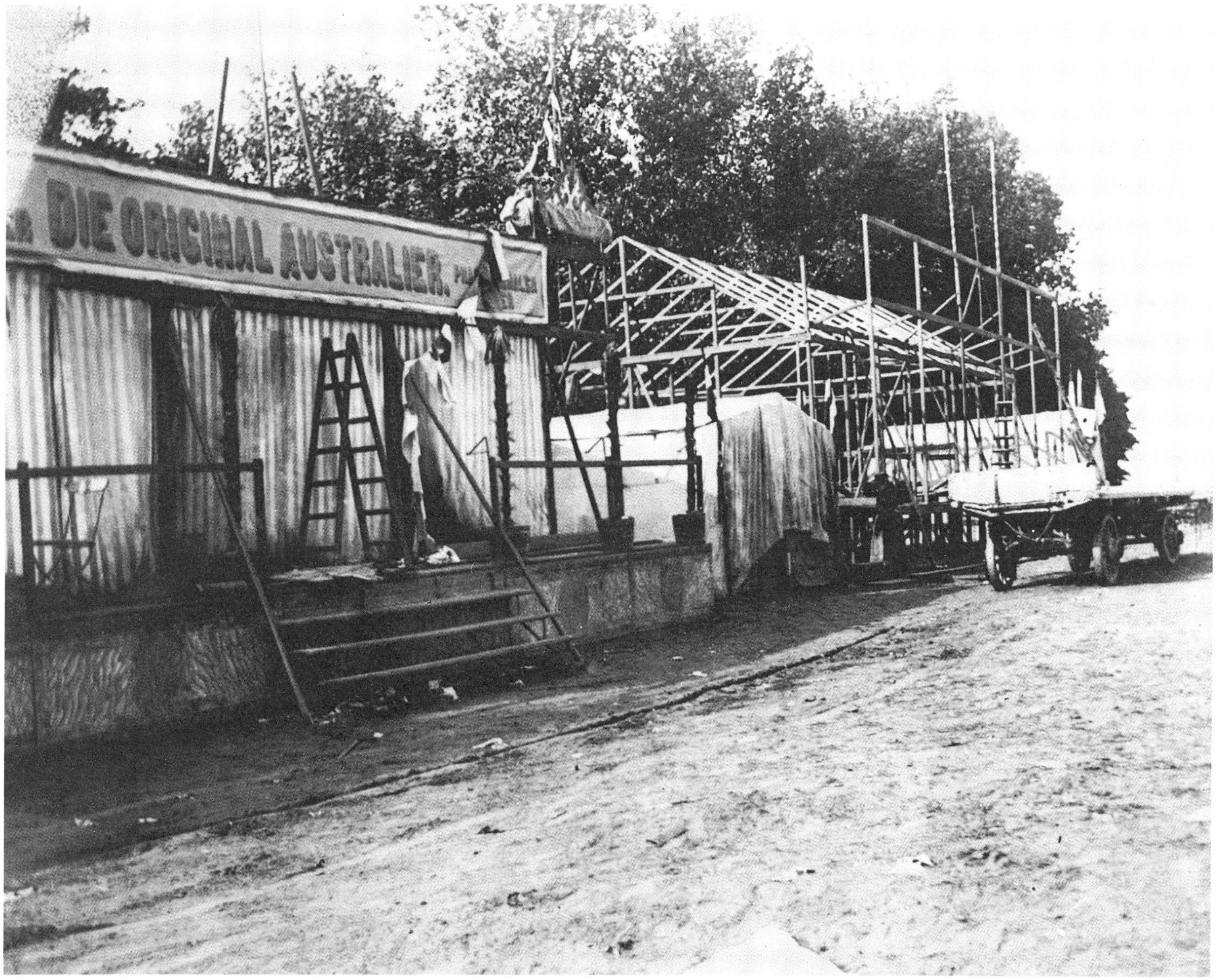

Verlassener Rummelplatz, um 1900. 9 × 12 cm (?)

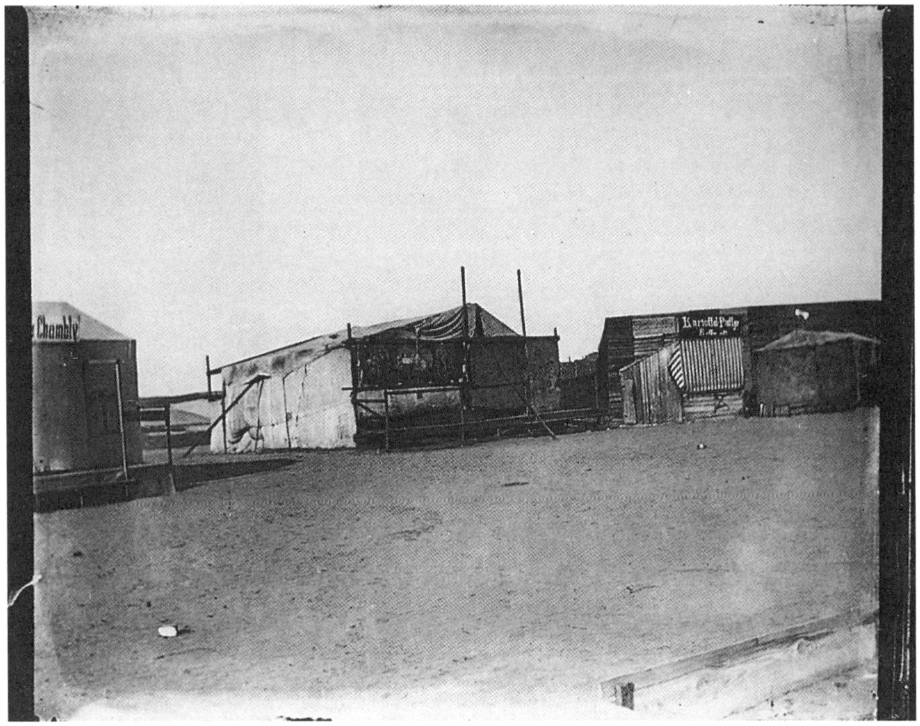

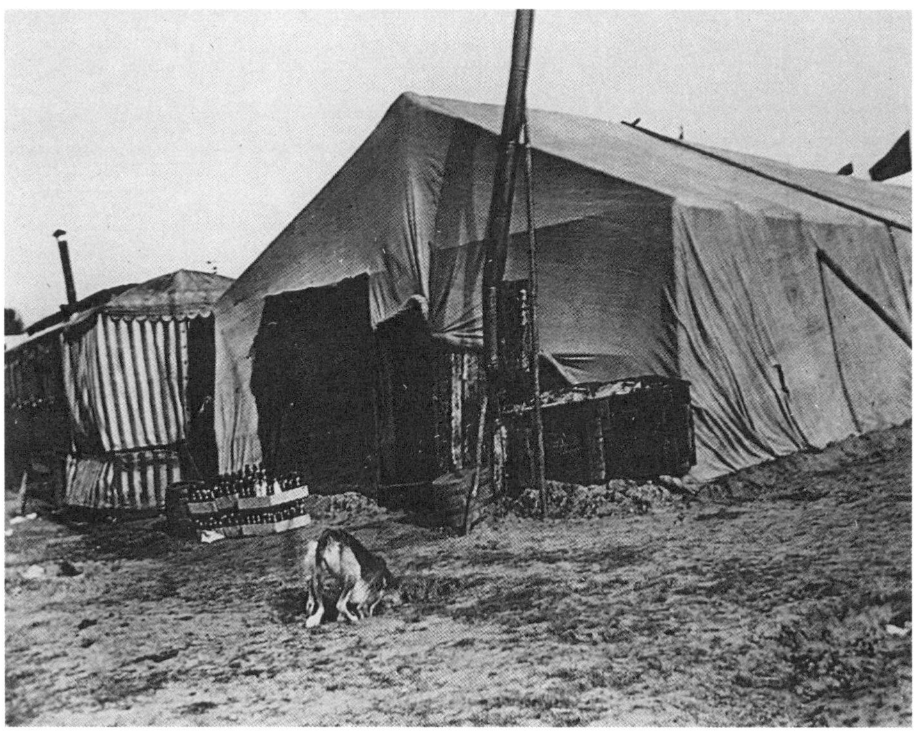

Verlassener Rummelplatz, um 1900. 9 × 12 cm   *Hinterm Bierzelt, um 1900. 9 × 12 cm*

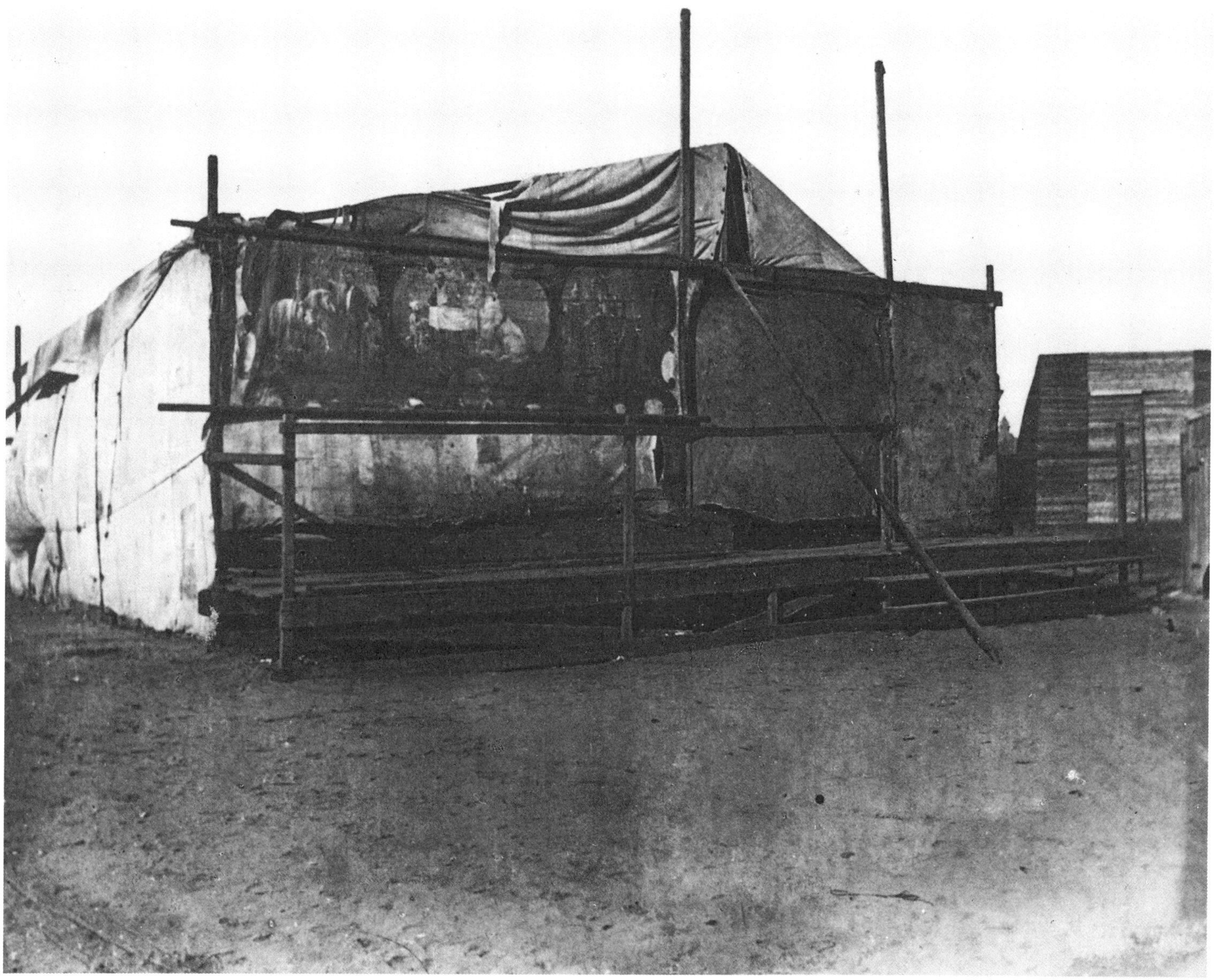

Verlassener Rummelplatz, um 1900. 9 × 12 cm (?)

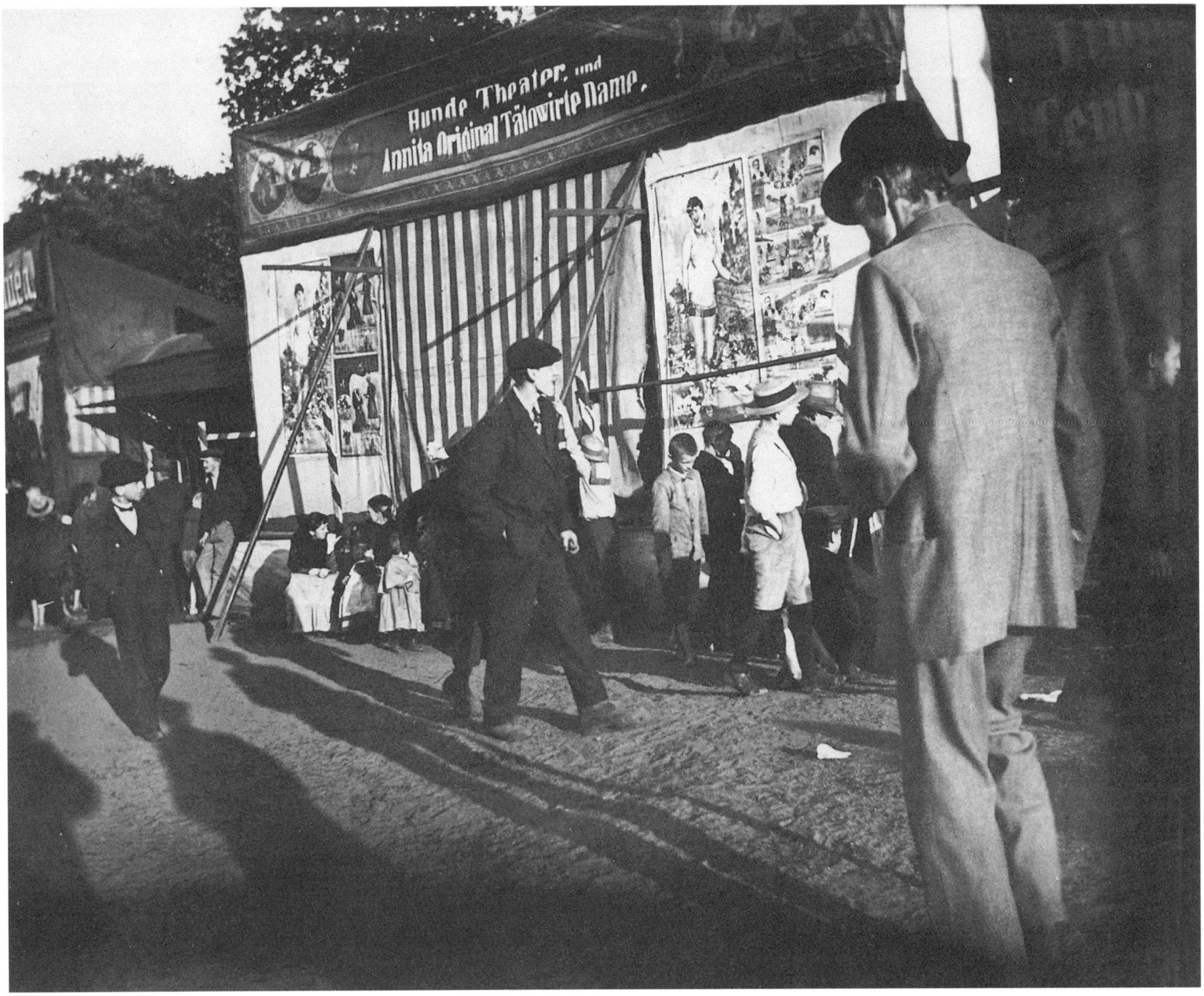

Vor dem Hunde-Theater, um 1900. 9 × 12 cm

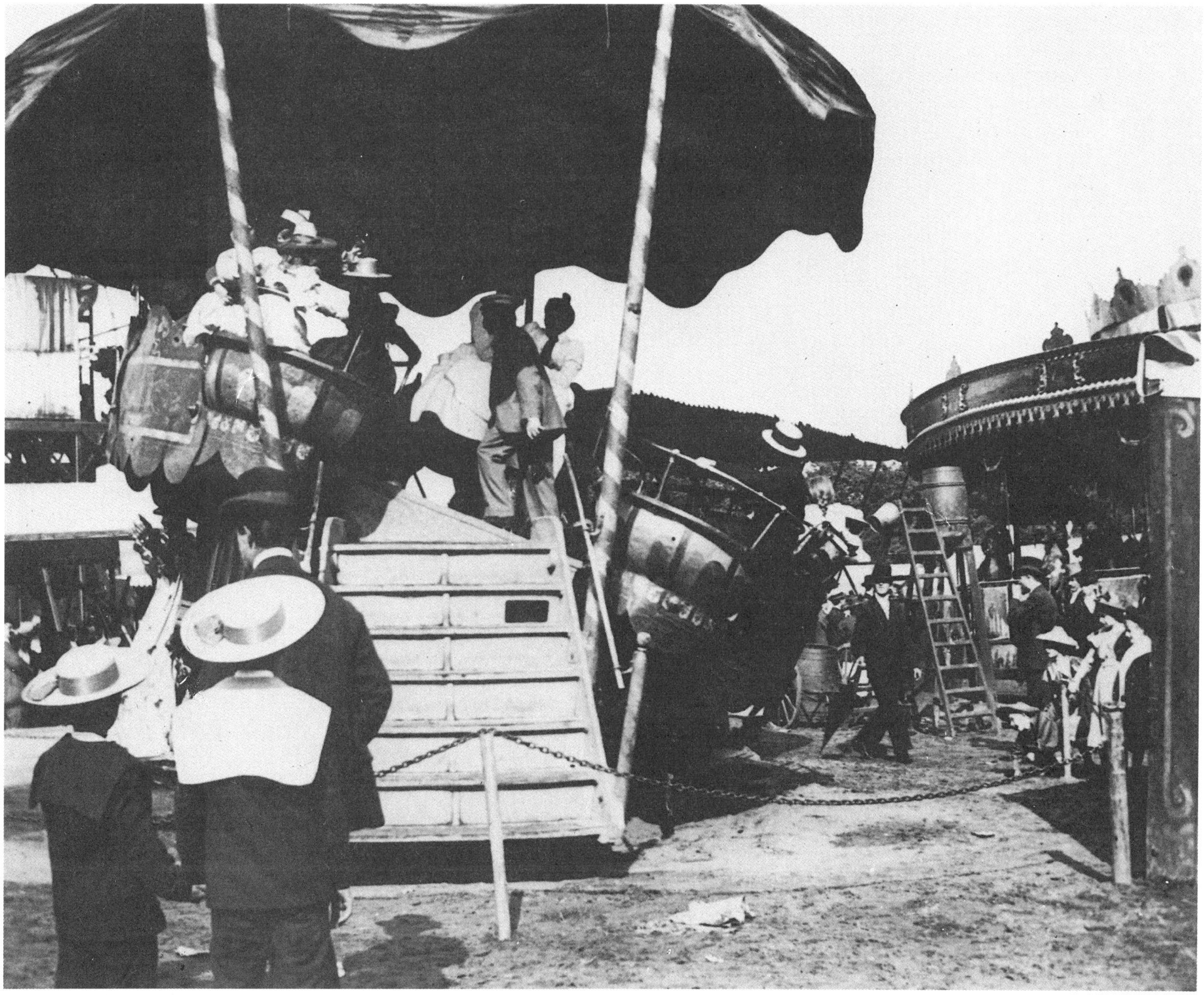

Am Karussell, um 1900. 9 × 12 cm

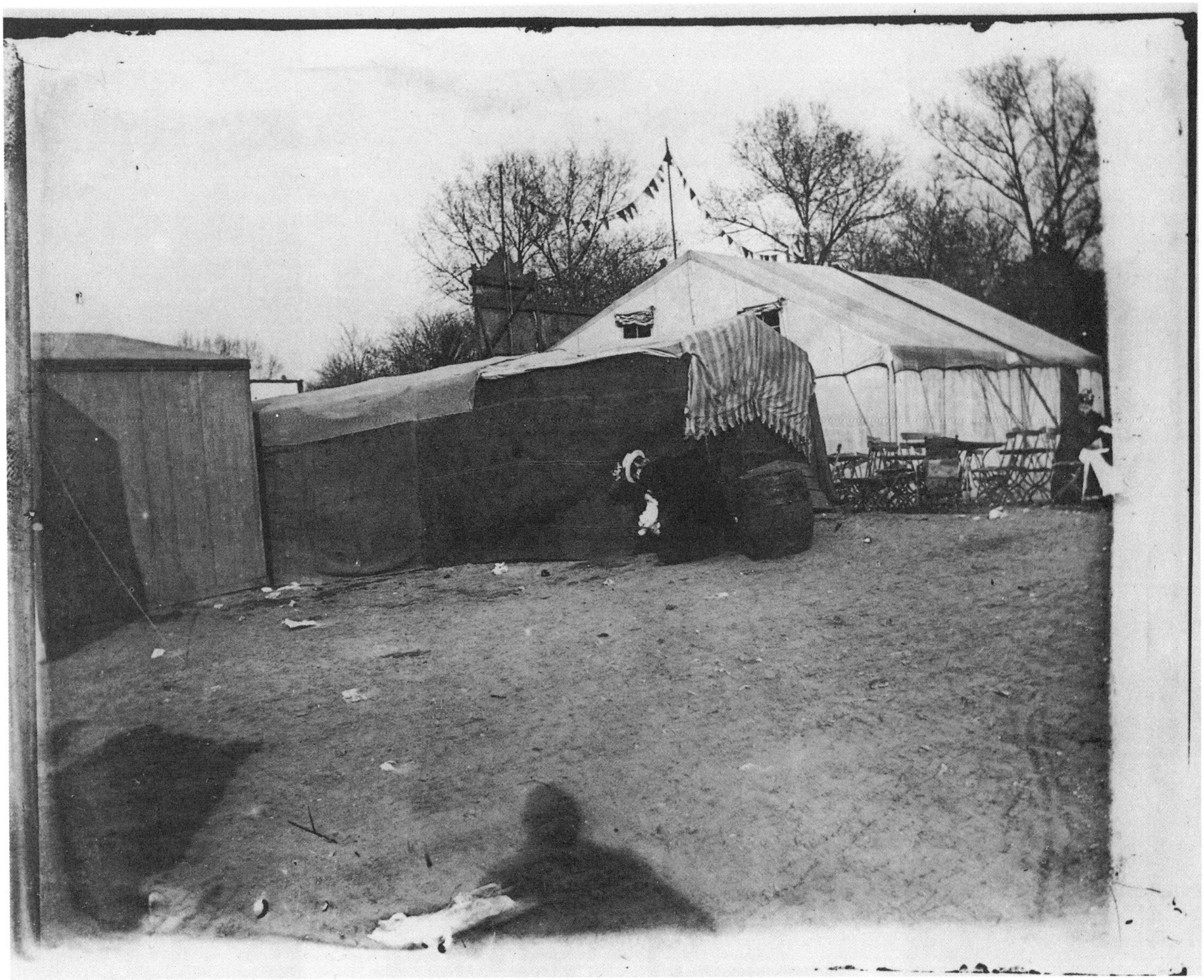

Hinter den Buden, um 1900. 9 × 12 cm (?)

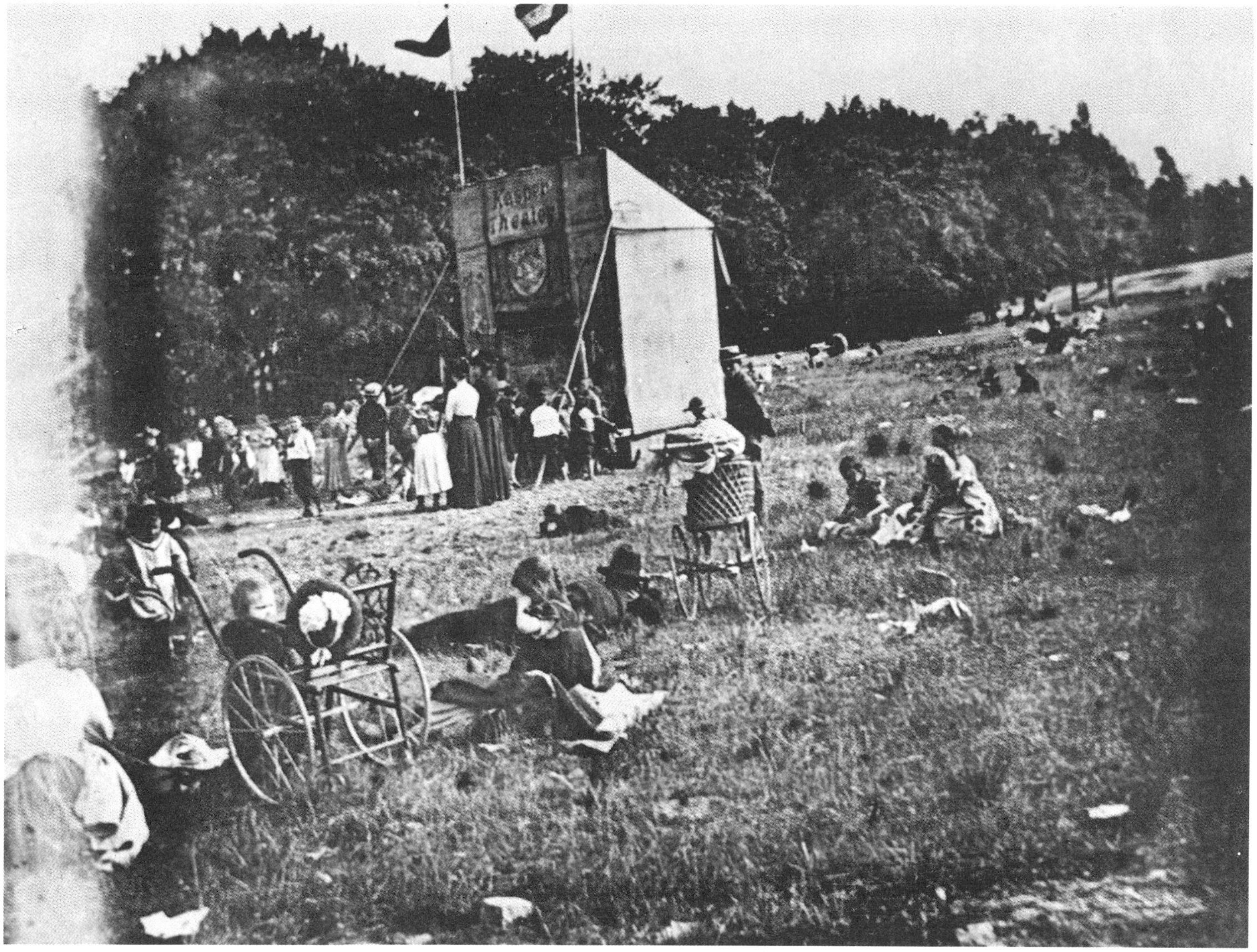

»Kasper Theater« am Lietzenseepark, um 1900. 9 × 12 cm (?)

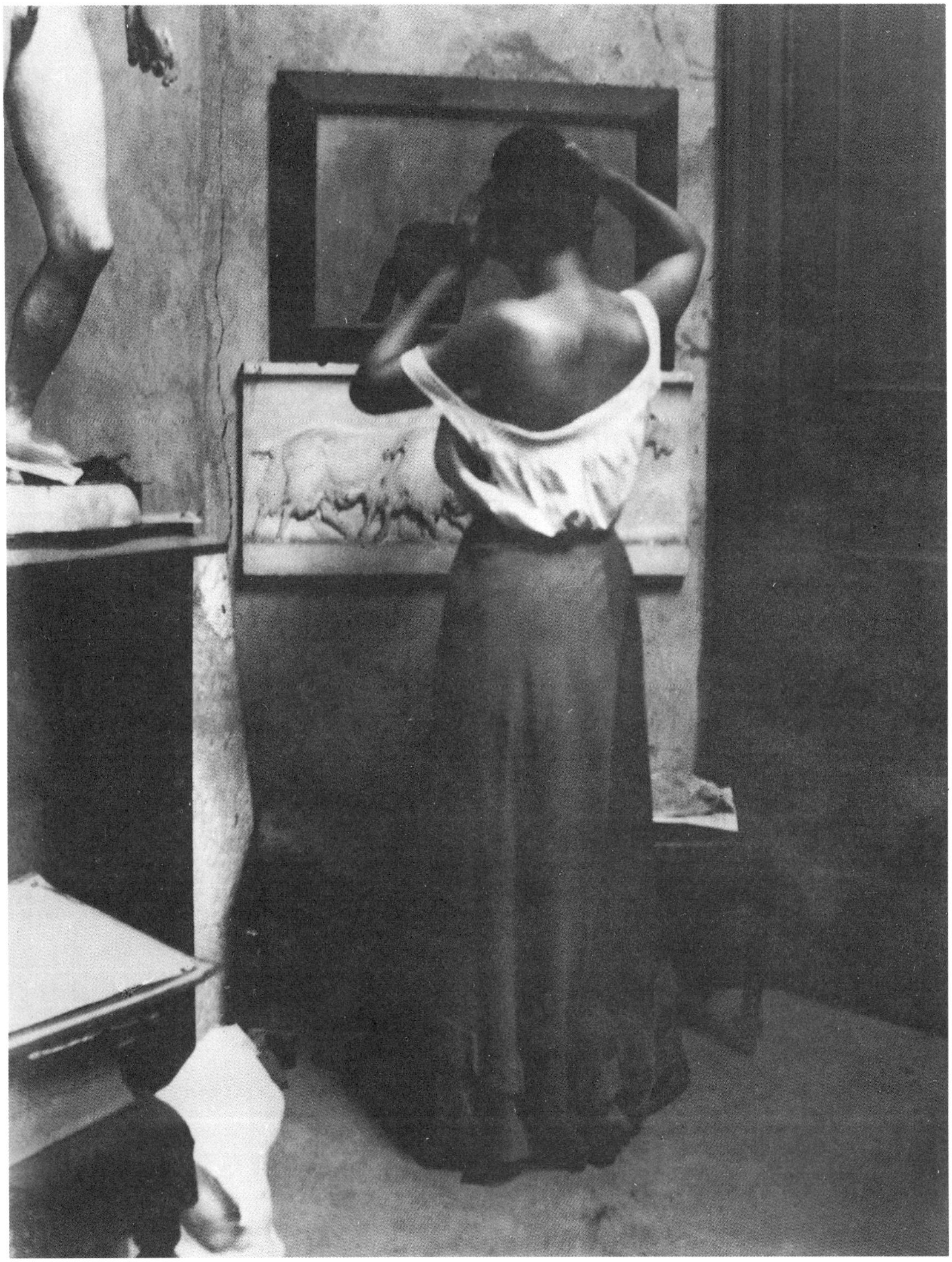

Aktstudie im Atelier von August Gaul, 1900/03. 9 × 12 cm

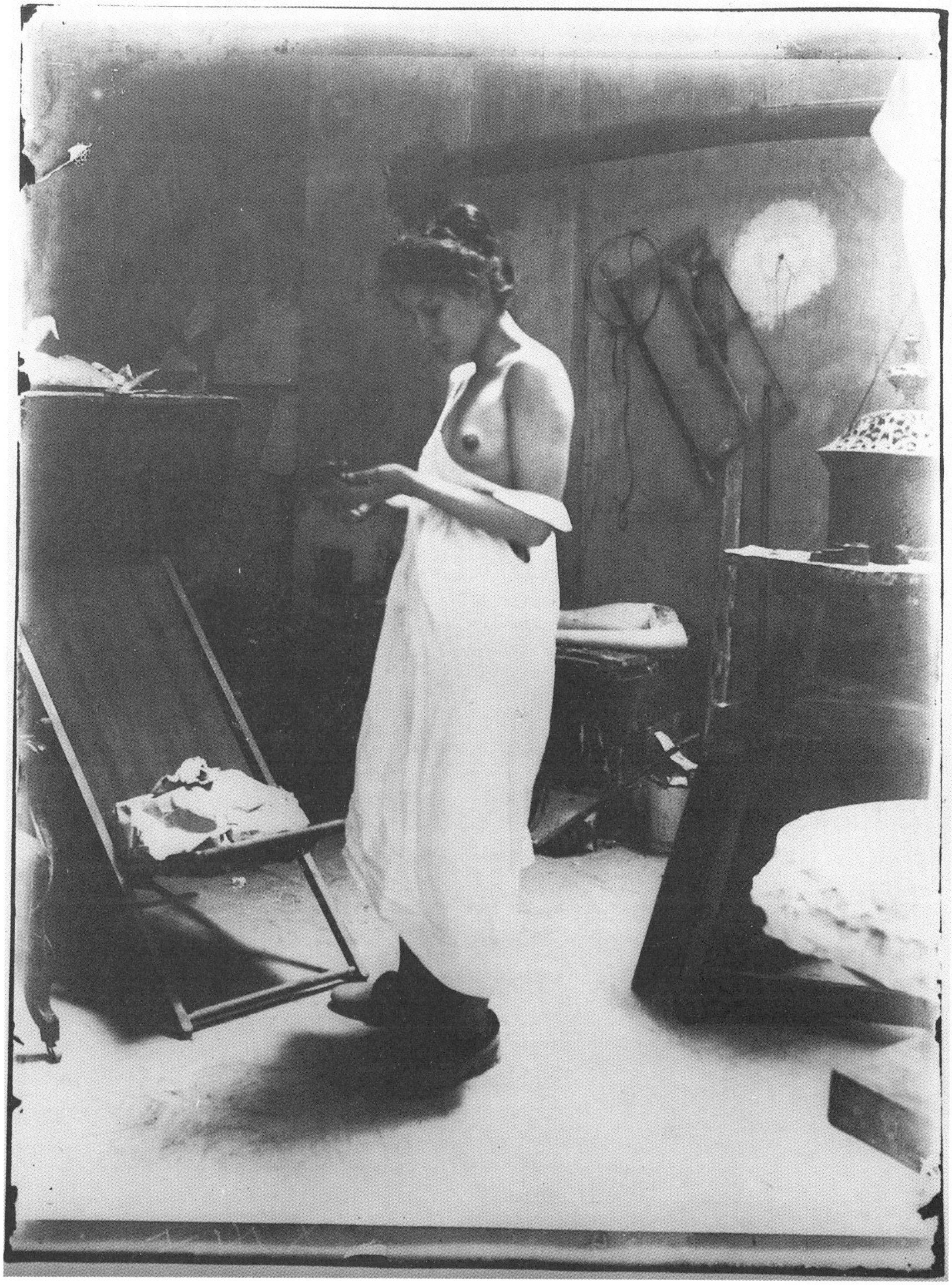

1900/03. 9 × 12 cm

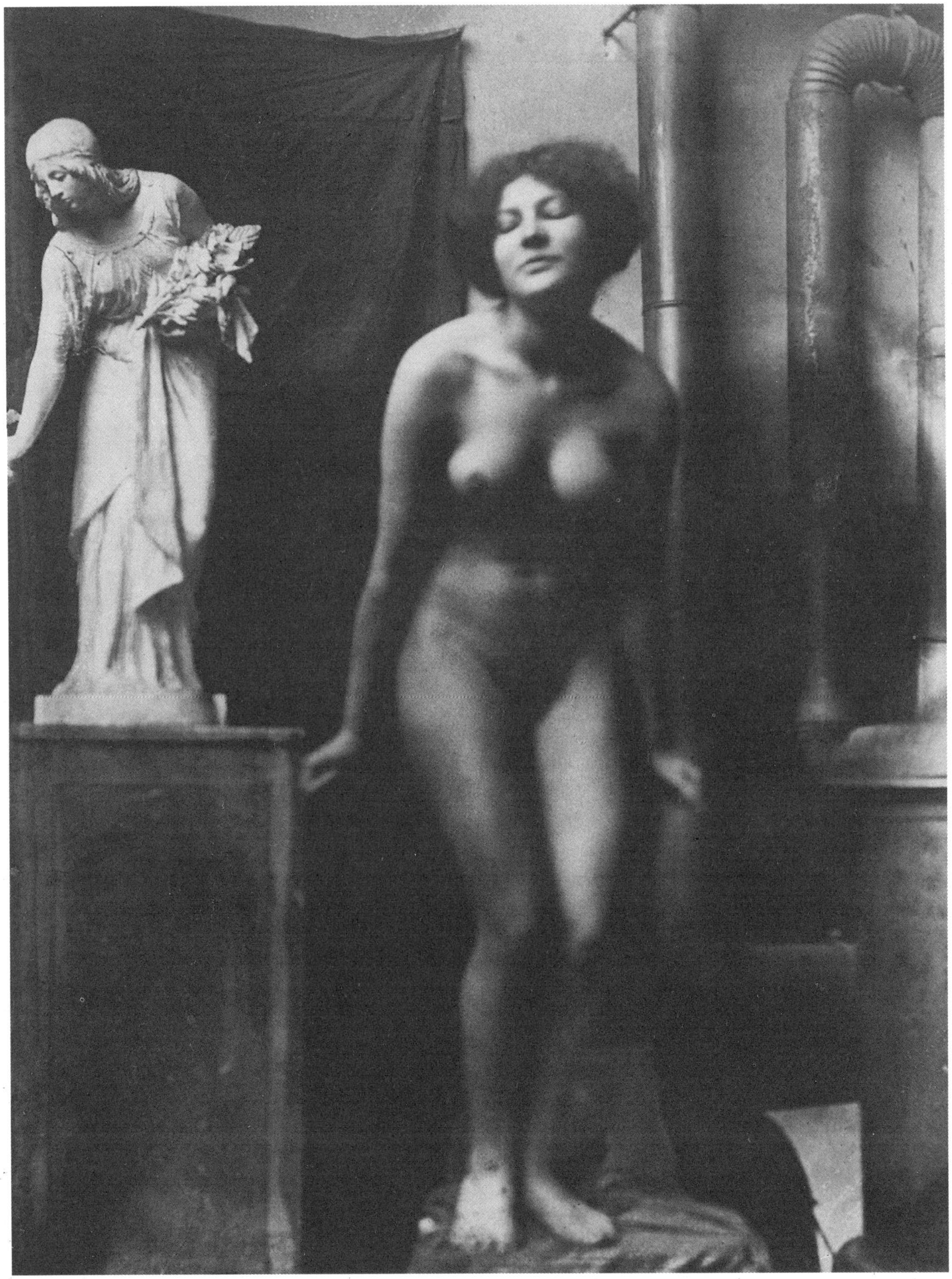

Aktstudie im Atelier von August Heer, um 1900. 9 × 12 cm

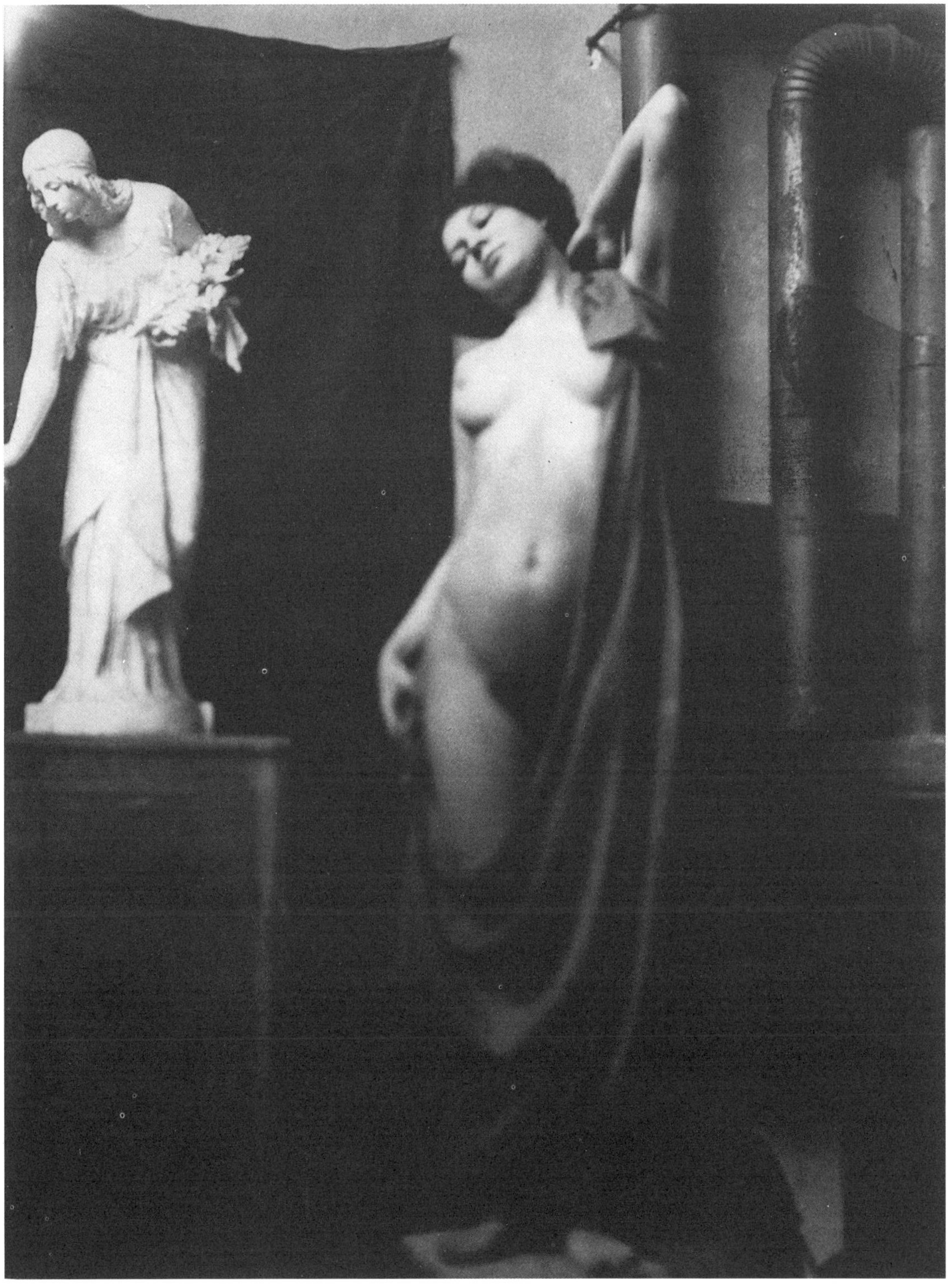

um 1900. 9 × 12 cm(?)

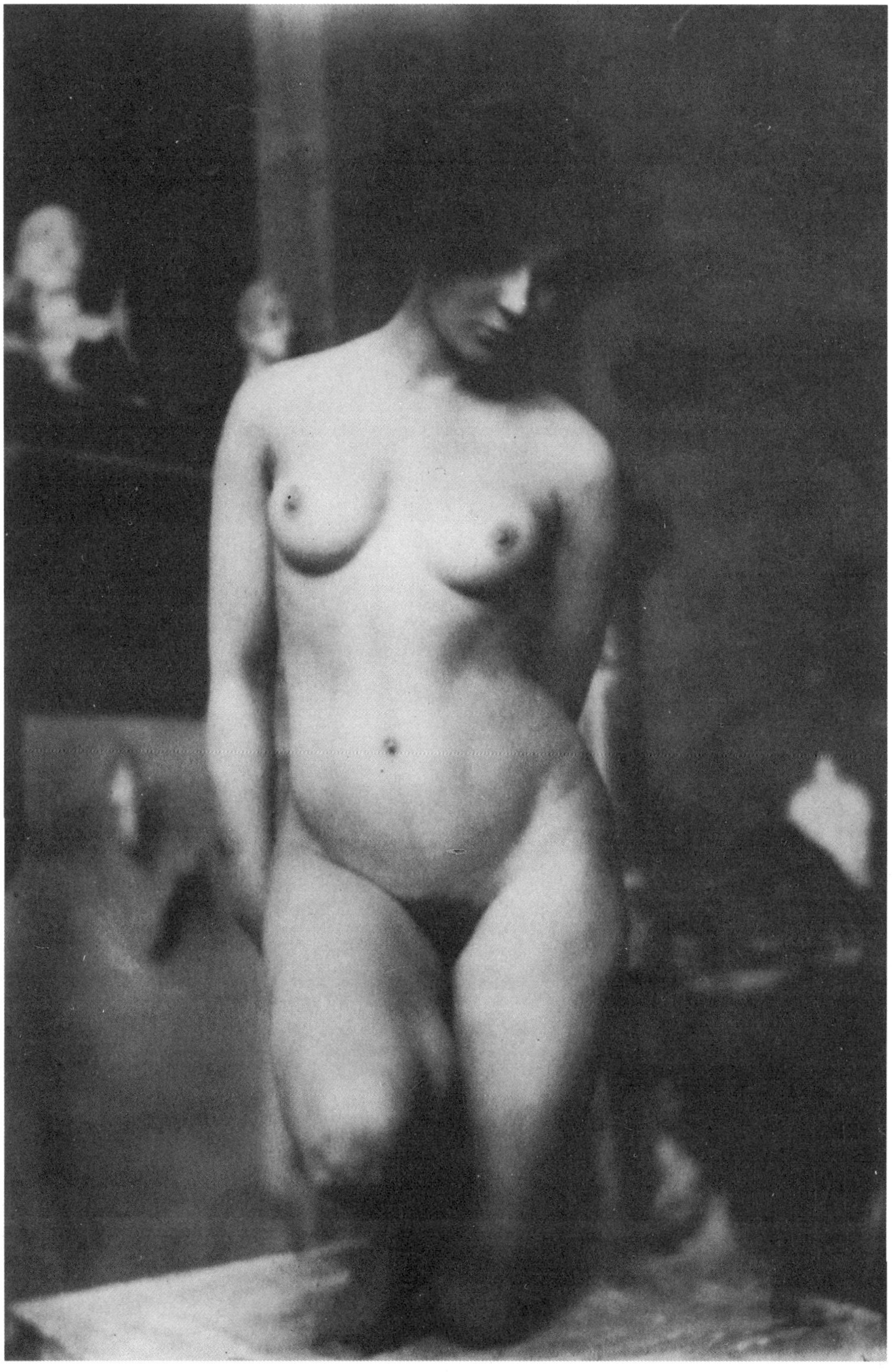

Aktstudie, um 1900. 16,8 × 23,6 cm

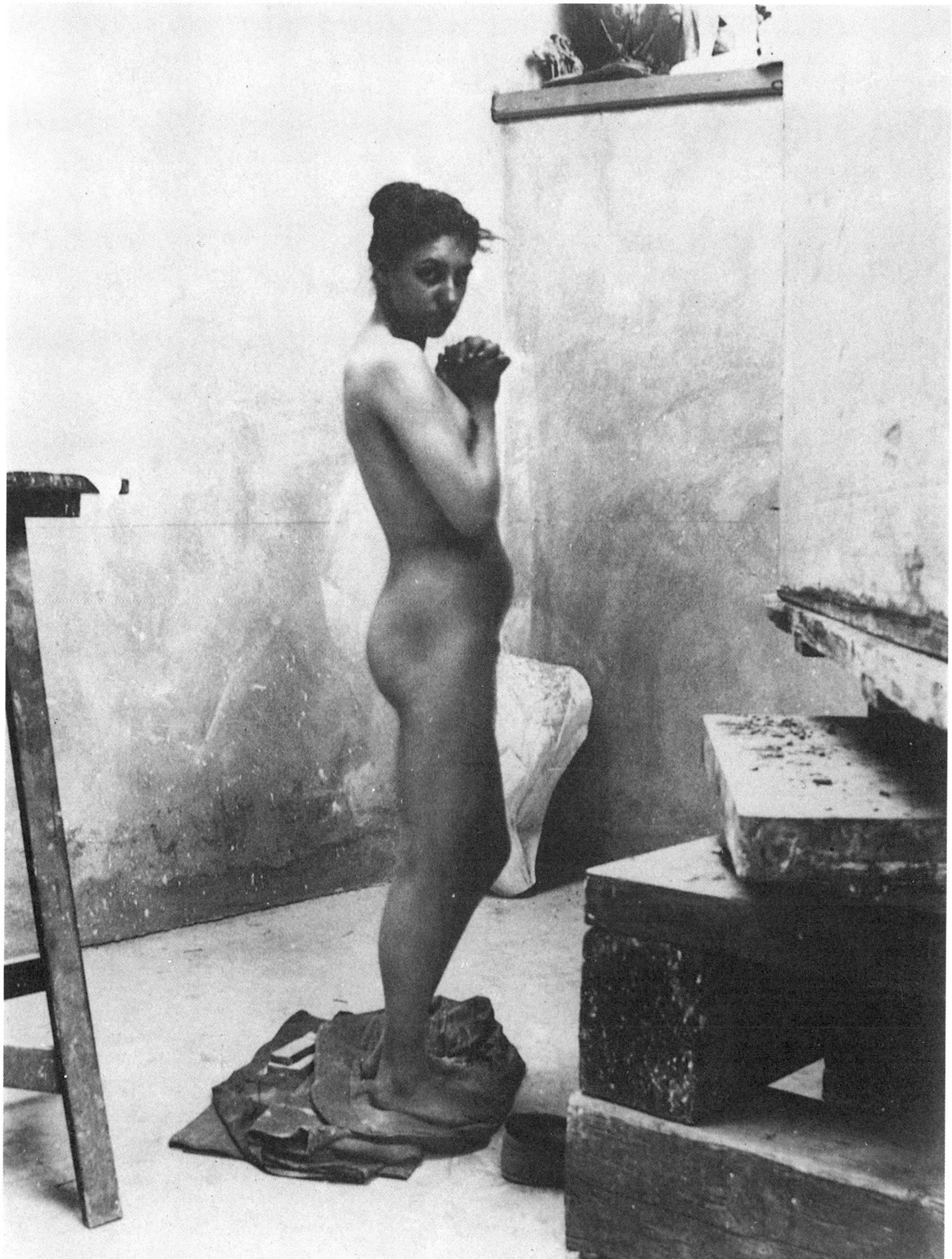

Aktstudie im Atelier von August Gaul, 1900/03. 9 × 12 cm (?)

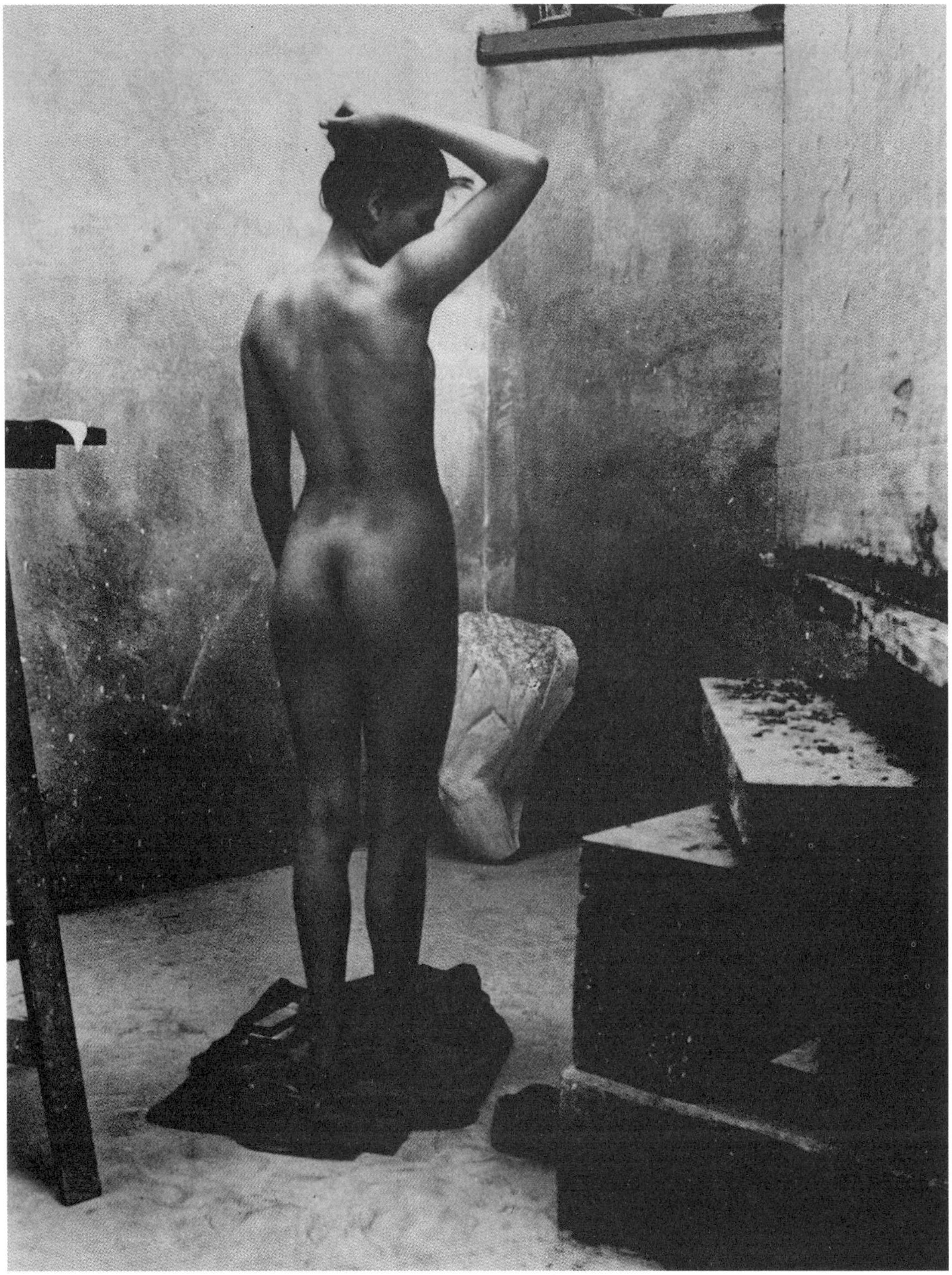

Aktstudie im Atelier von August Gaul, 1900/03. 9 × 12 cm (?)

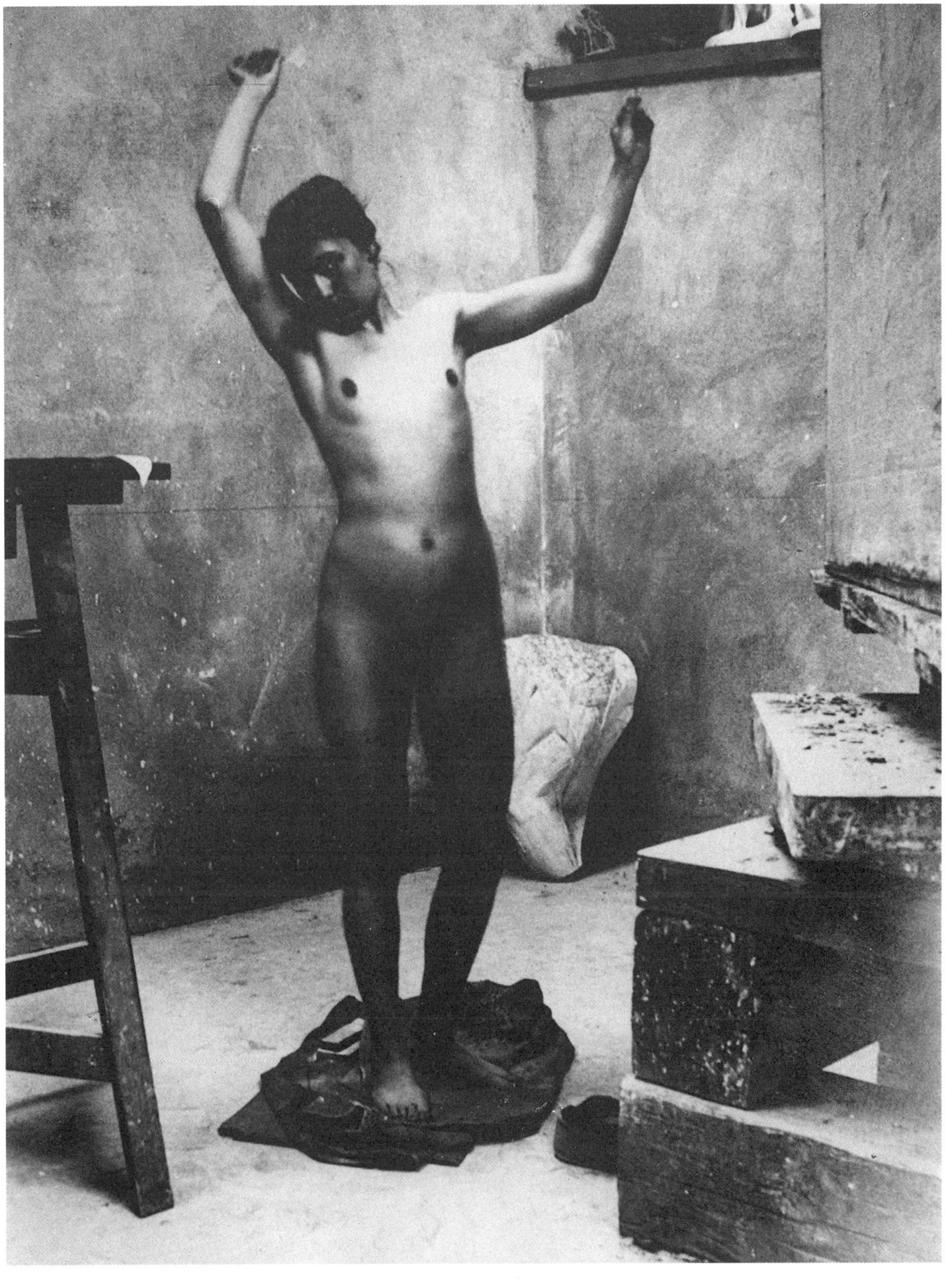

1900/03. 9 × 12 cm (?)

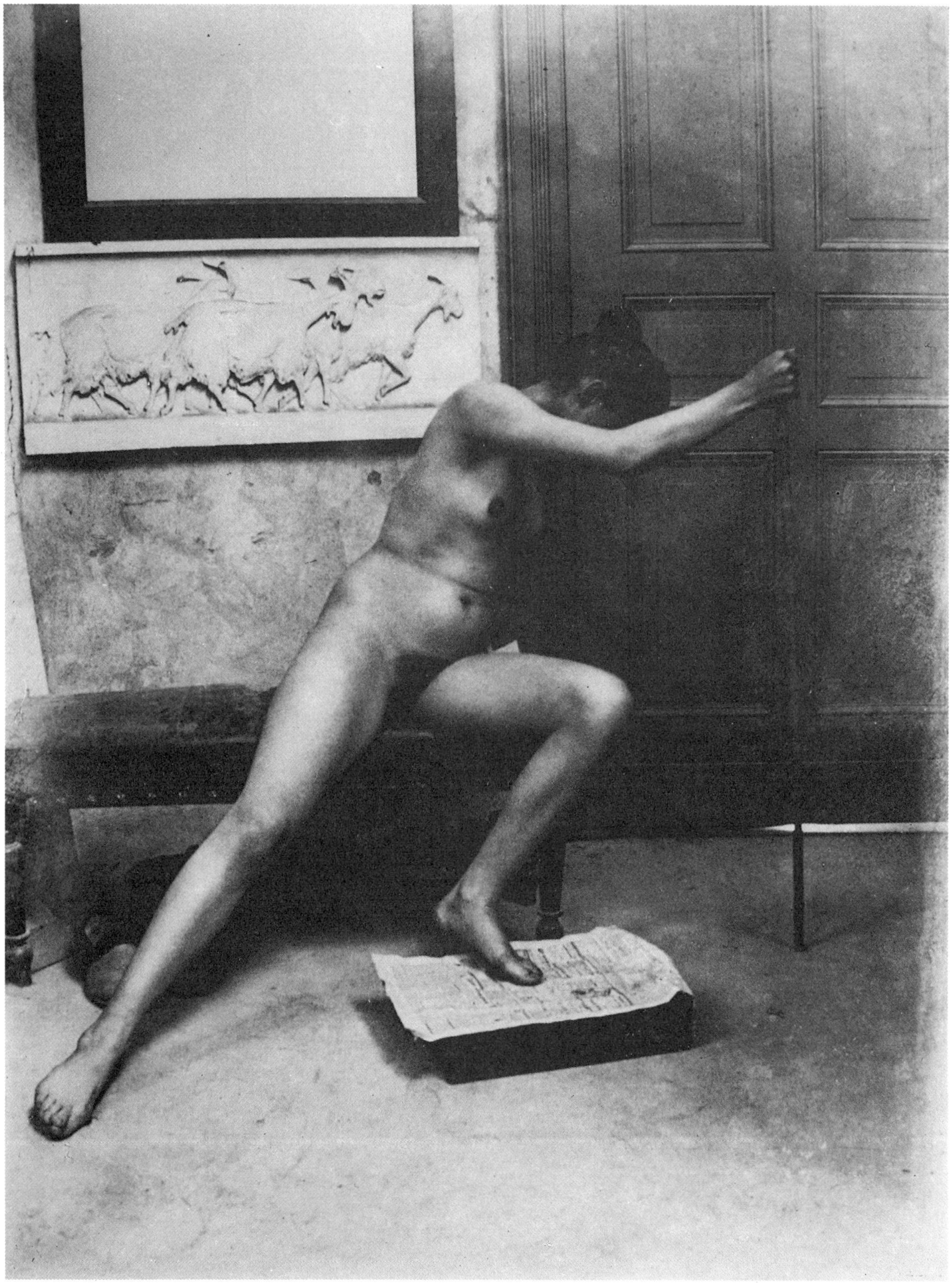

Aktstudie im Atelier von August Gaul, 1900/03. 9 × 12 cm

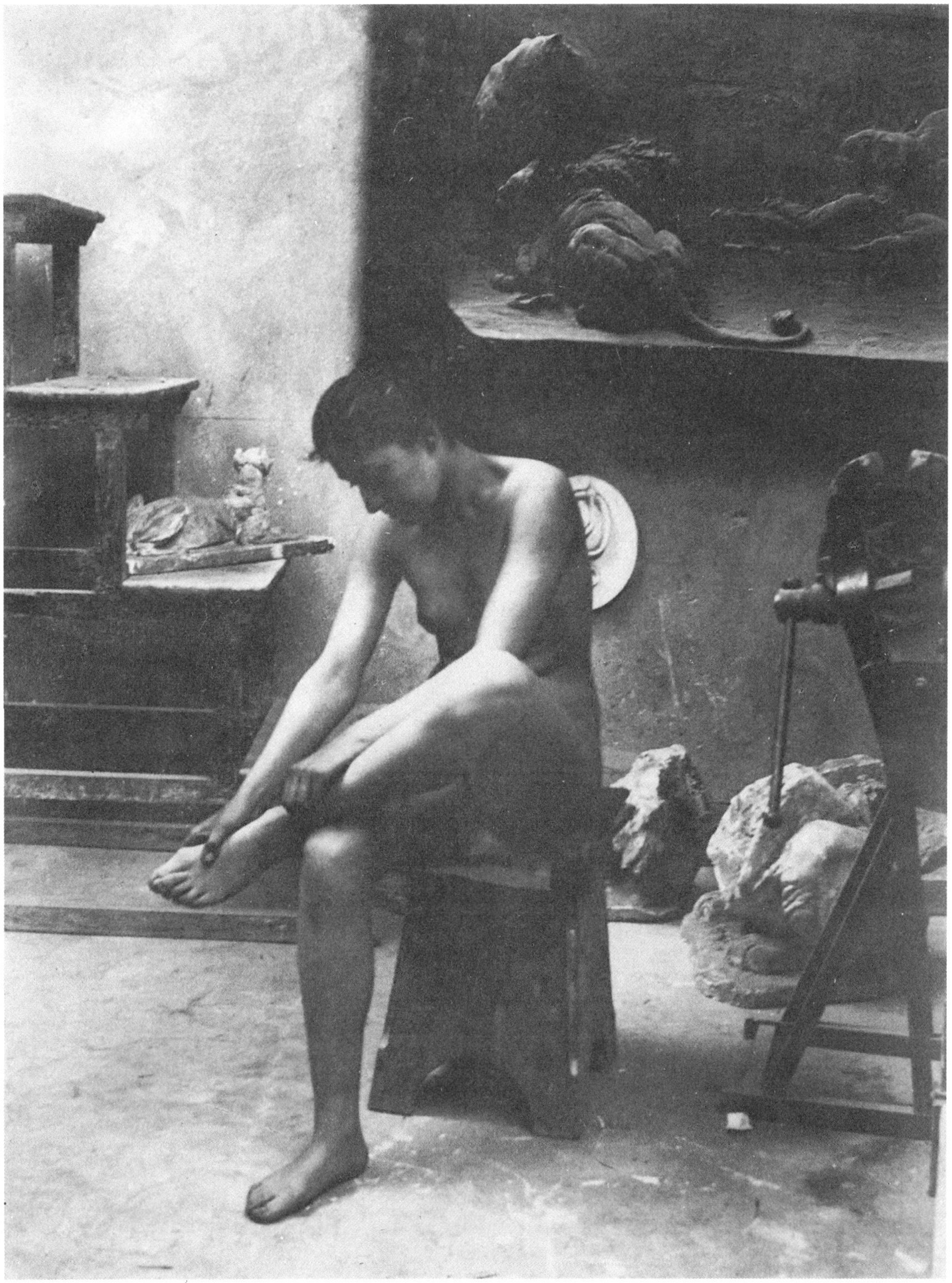

1900/03. 9 × 12 cm

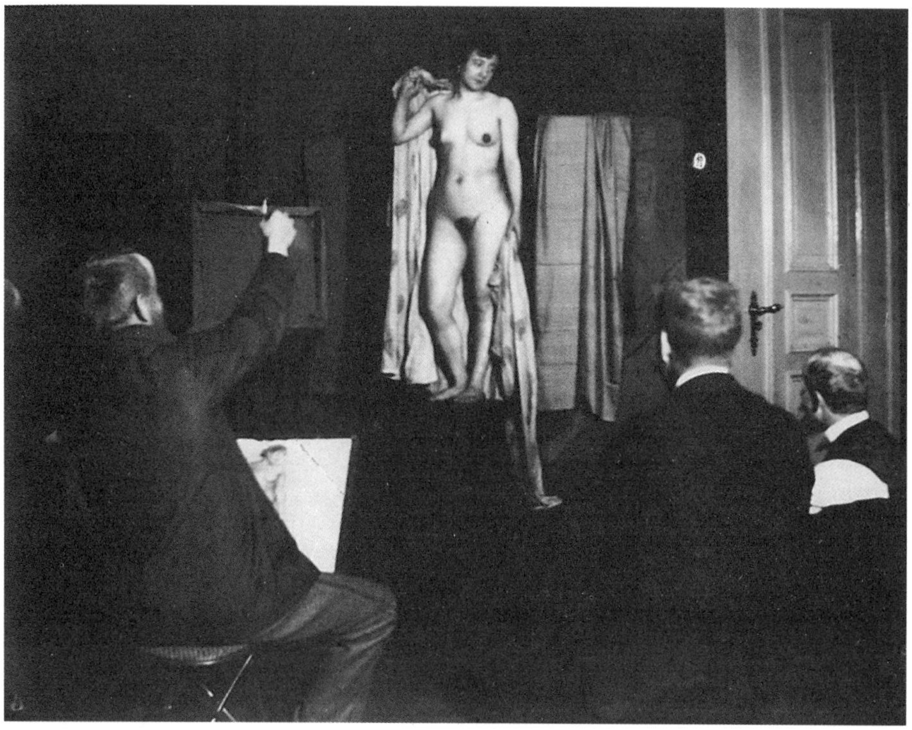

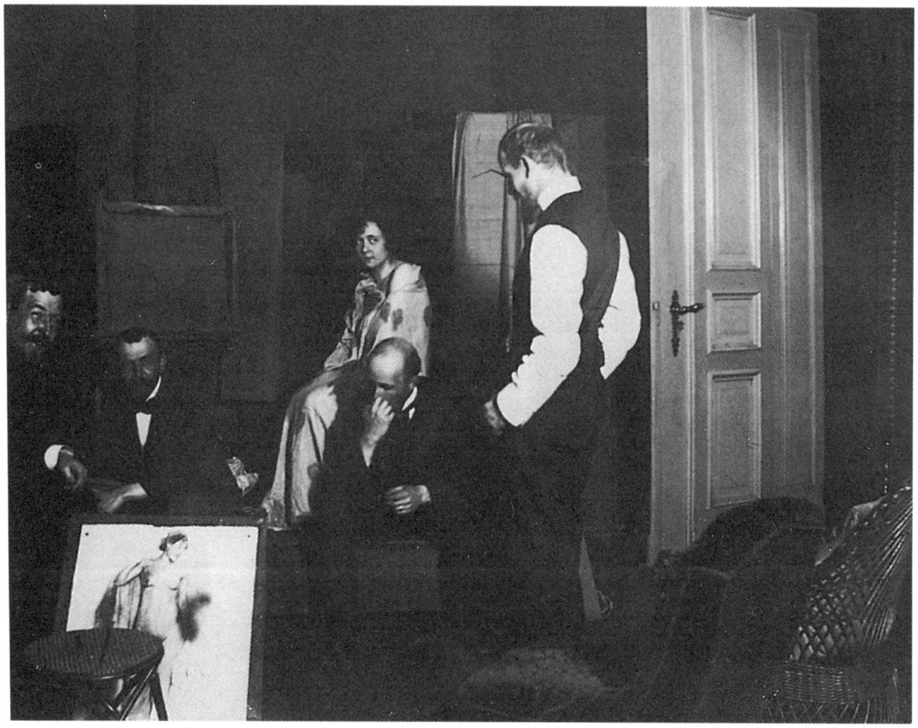

»Abendakt«, 1900/02. 9 × 12 cm *1900/02. 9 × 12 cm*

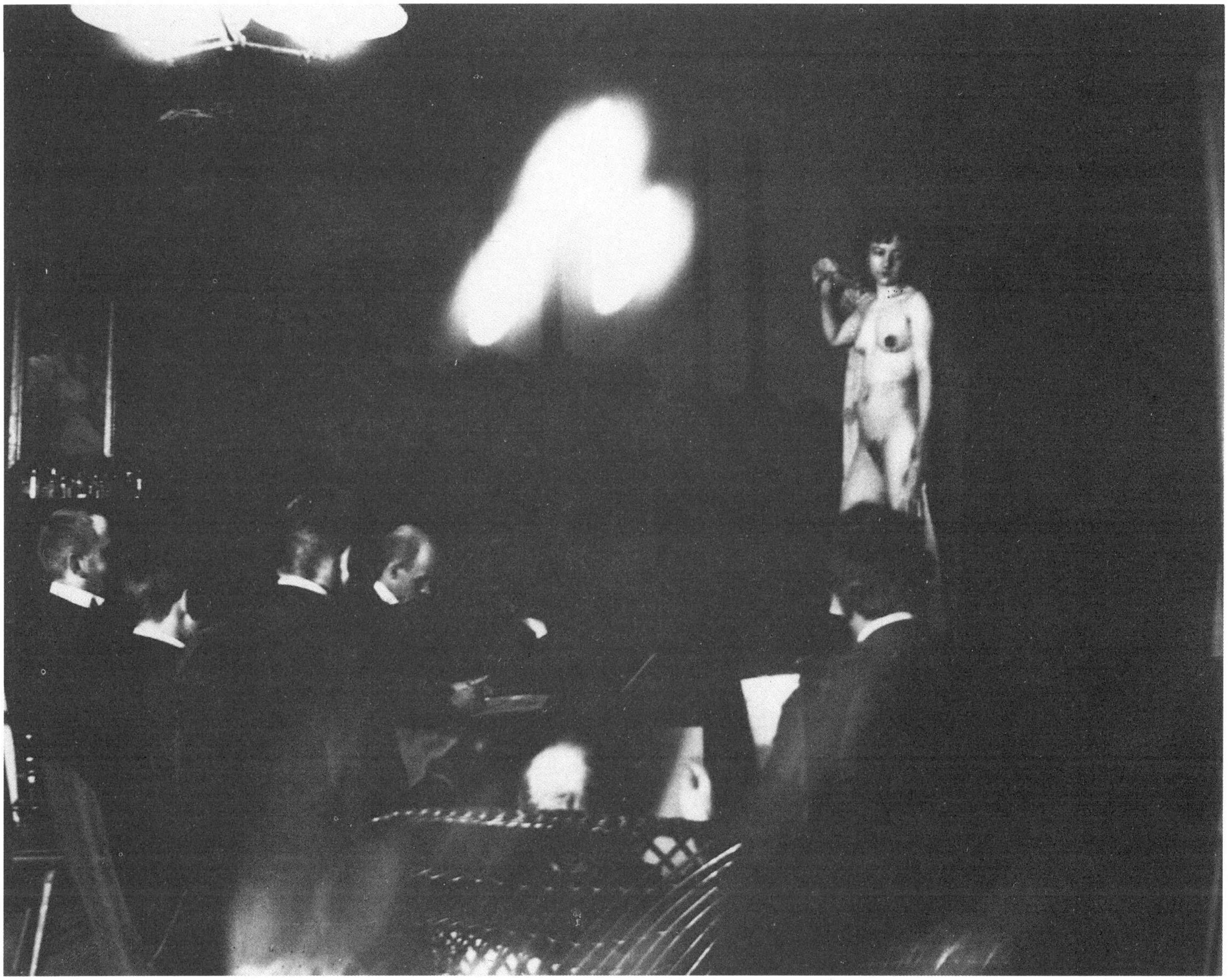

1900/02. 9 × 12 cm

ISBN 3-7311-0043-6

1. Auflage 1.–15. Tausend
Lizenz-Nr.: 110-210/308/87
LSV 9168
Lektor: Ursula Petsch
Gestaltung: Egon Hunger, Leipzig
Printed in GDR
Gesamtherstellung: INTERDRUCK Graphischer Großbetrieb Leipzig,
Betrieb der ausgezeichneten Qualitätsarbeit, III/18/97
Bestellnummer: 547 224 7
02400